Name

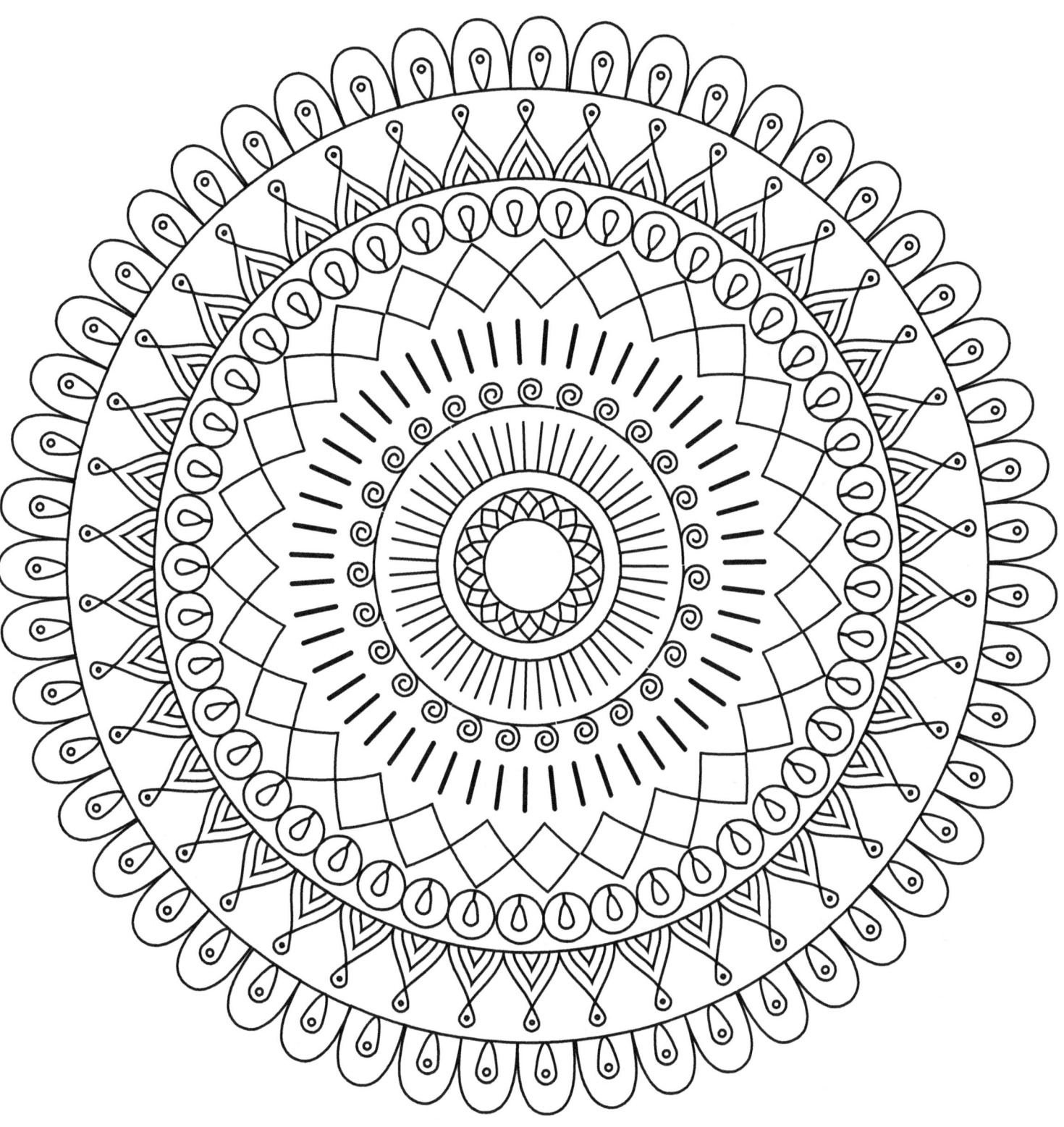

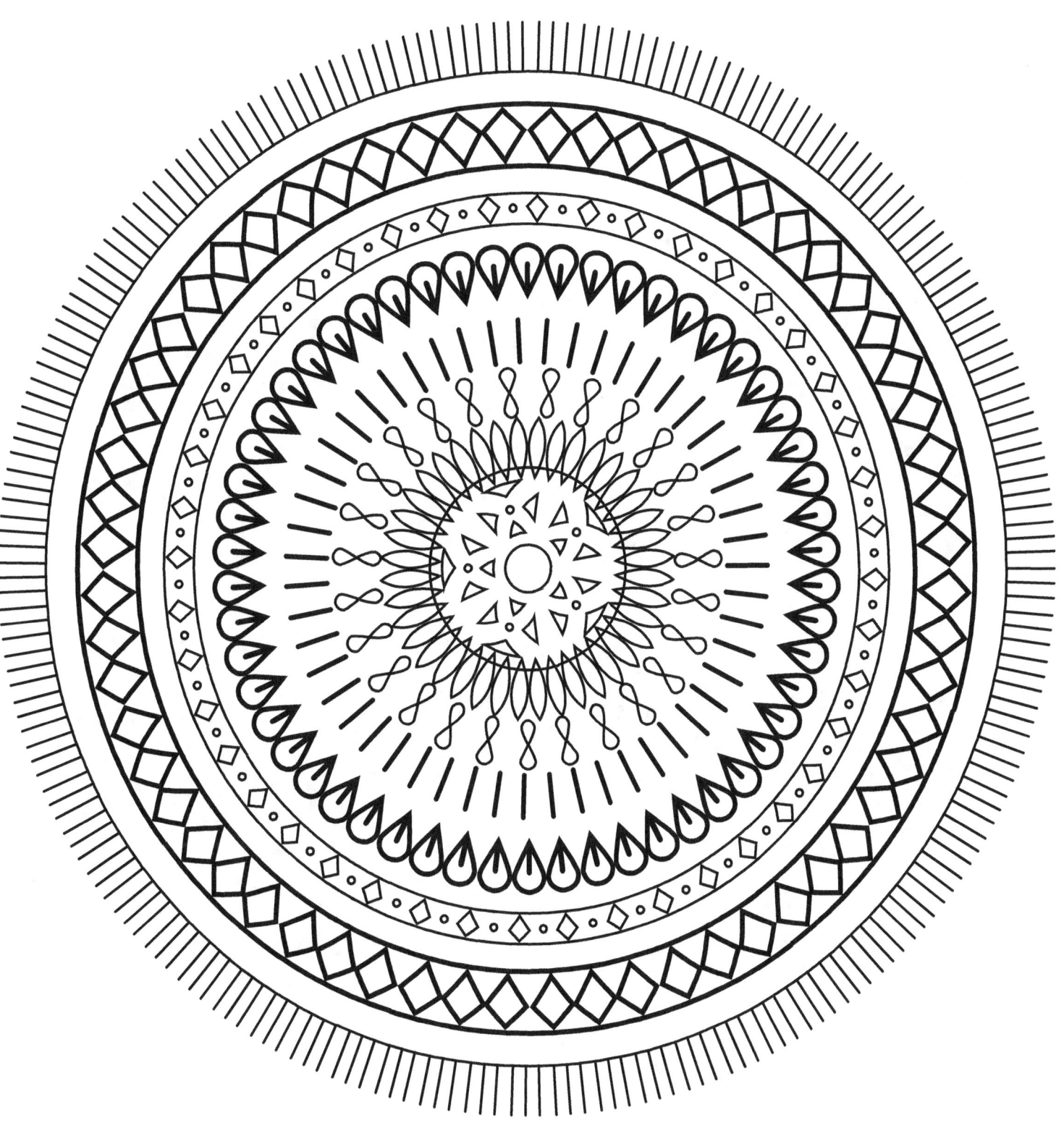

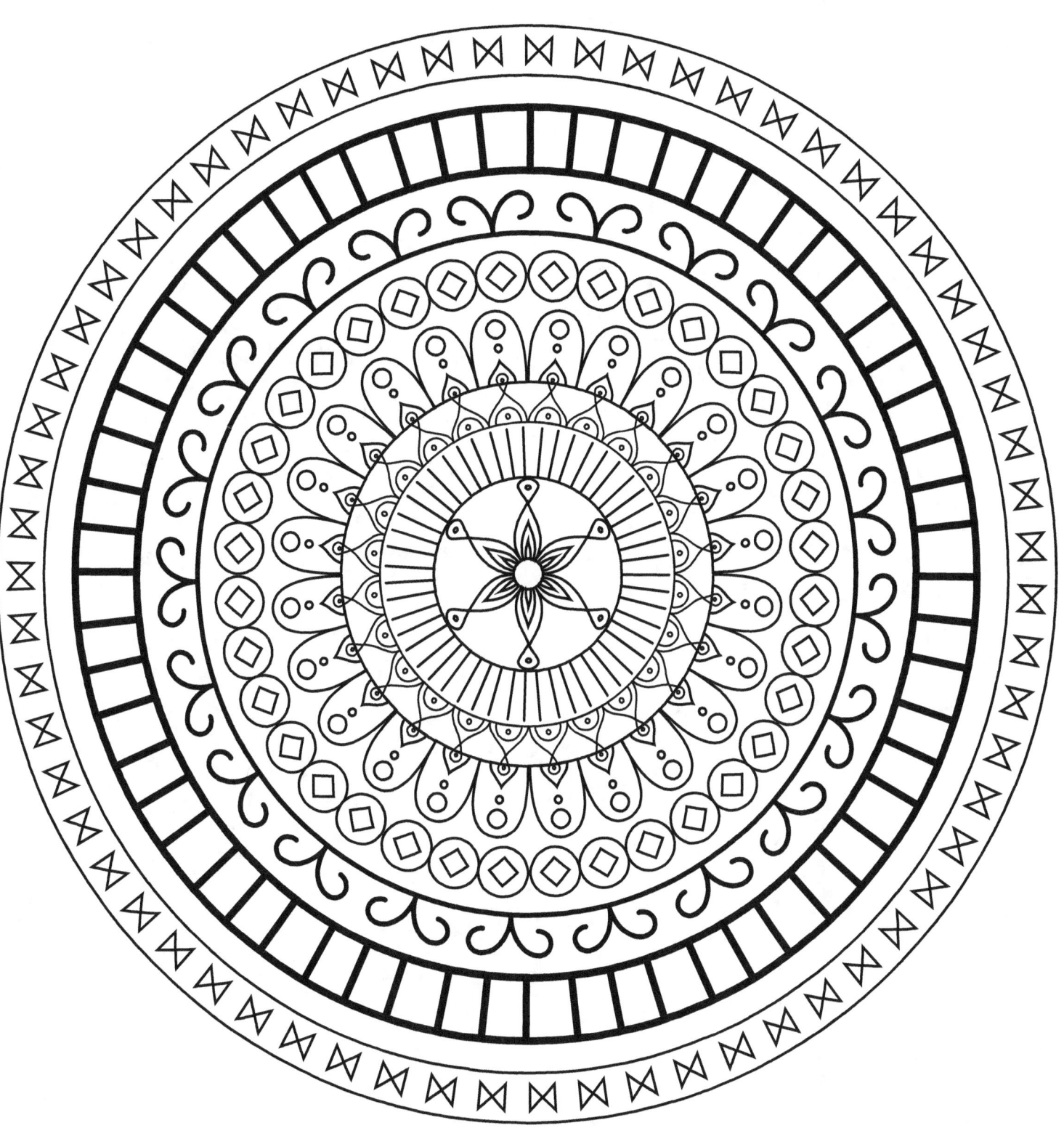

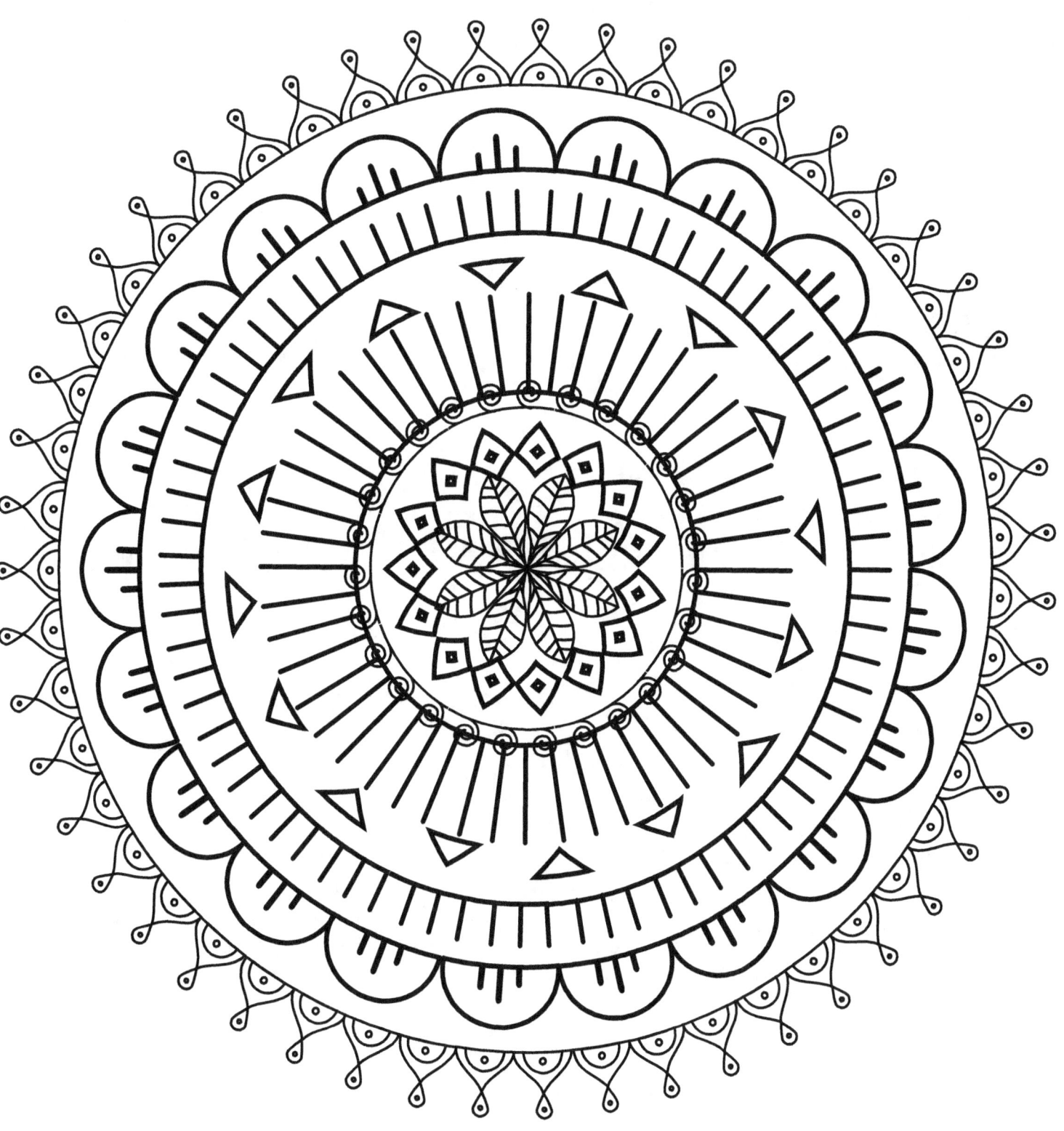

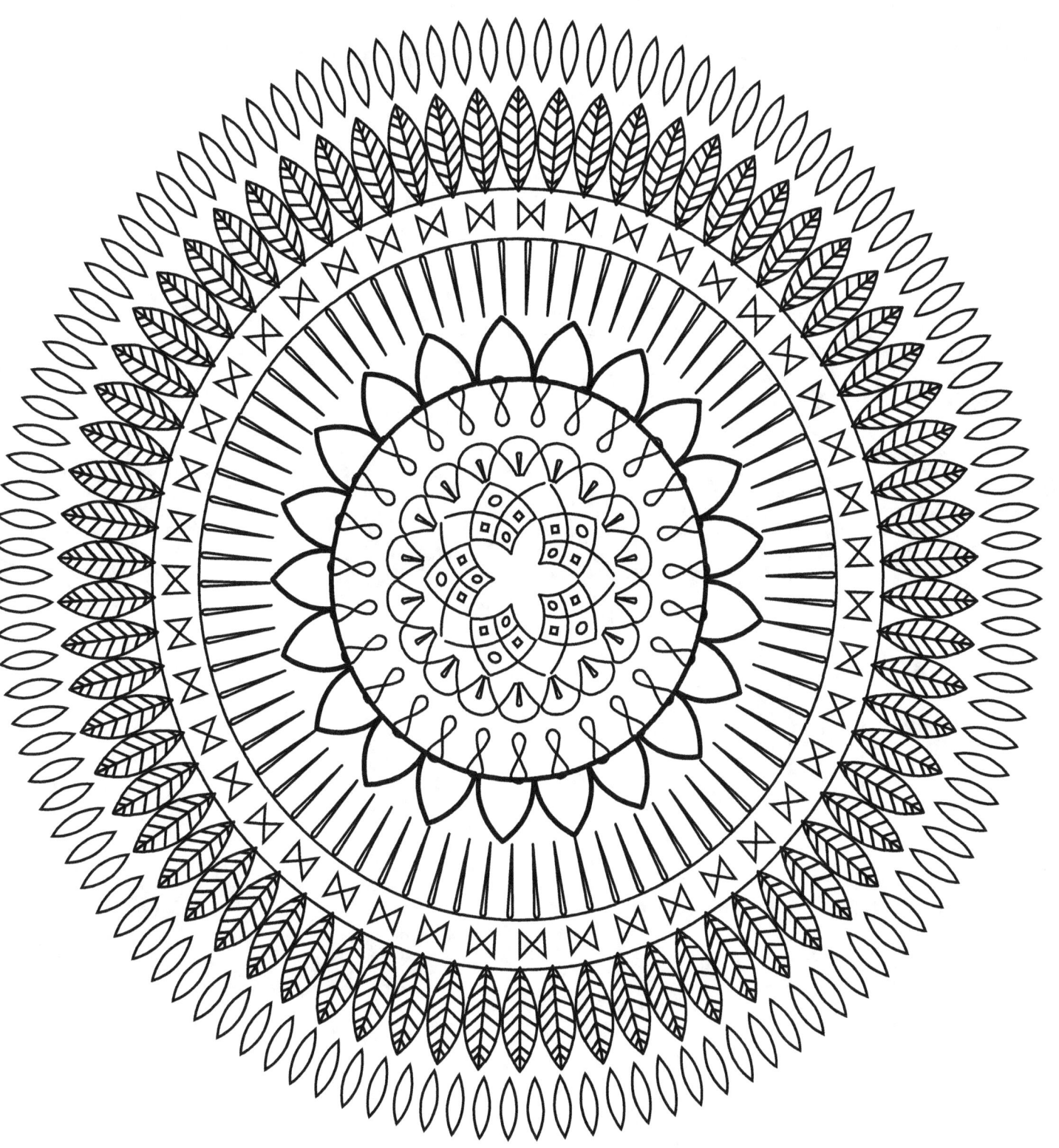

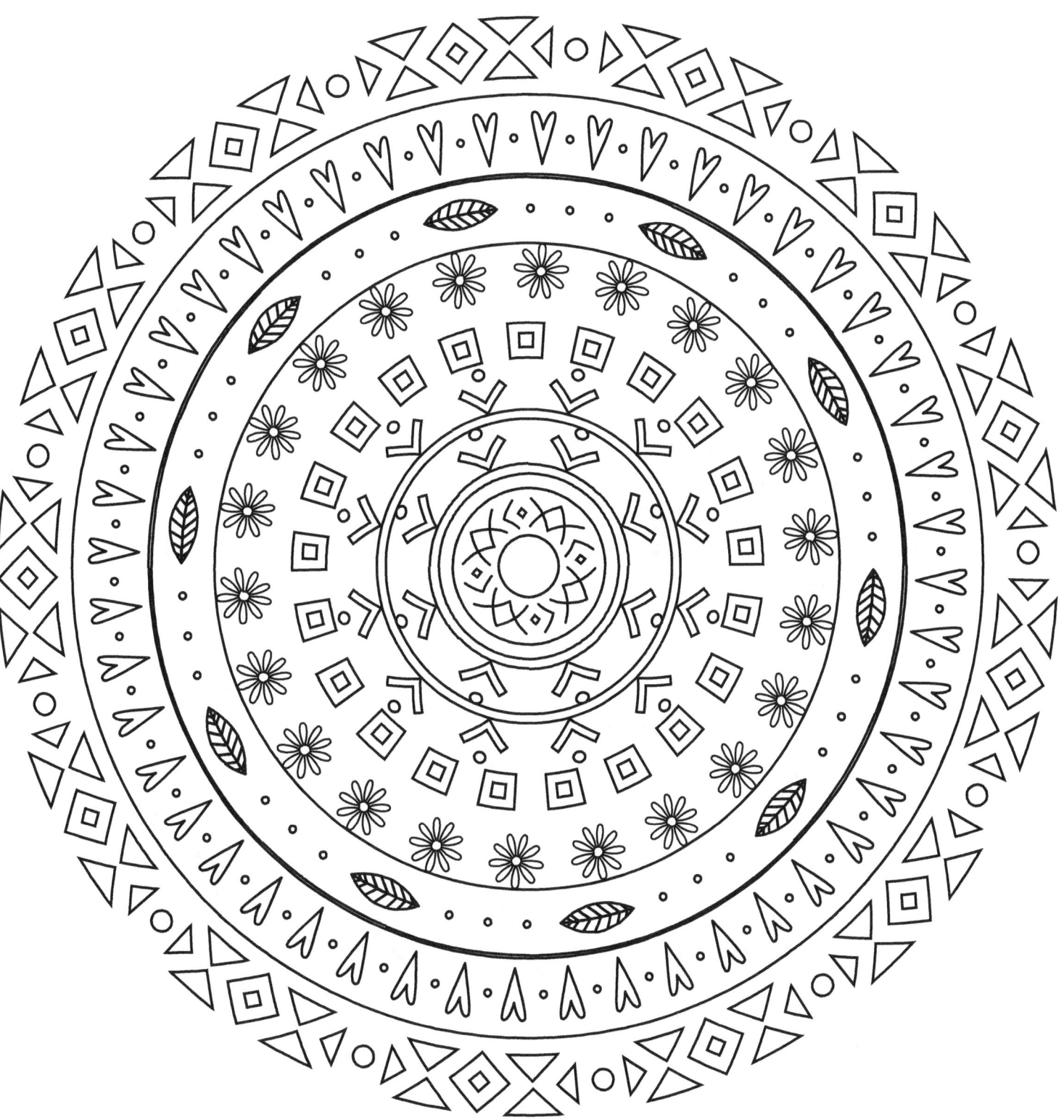

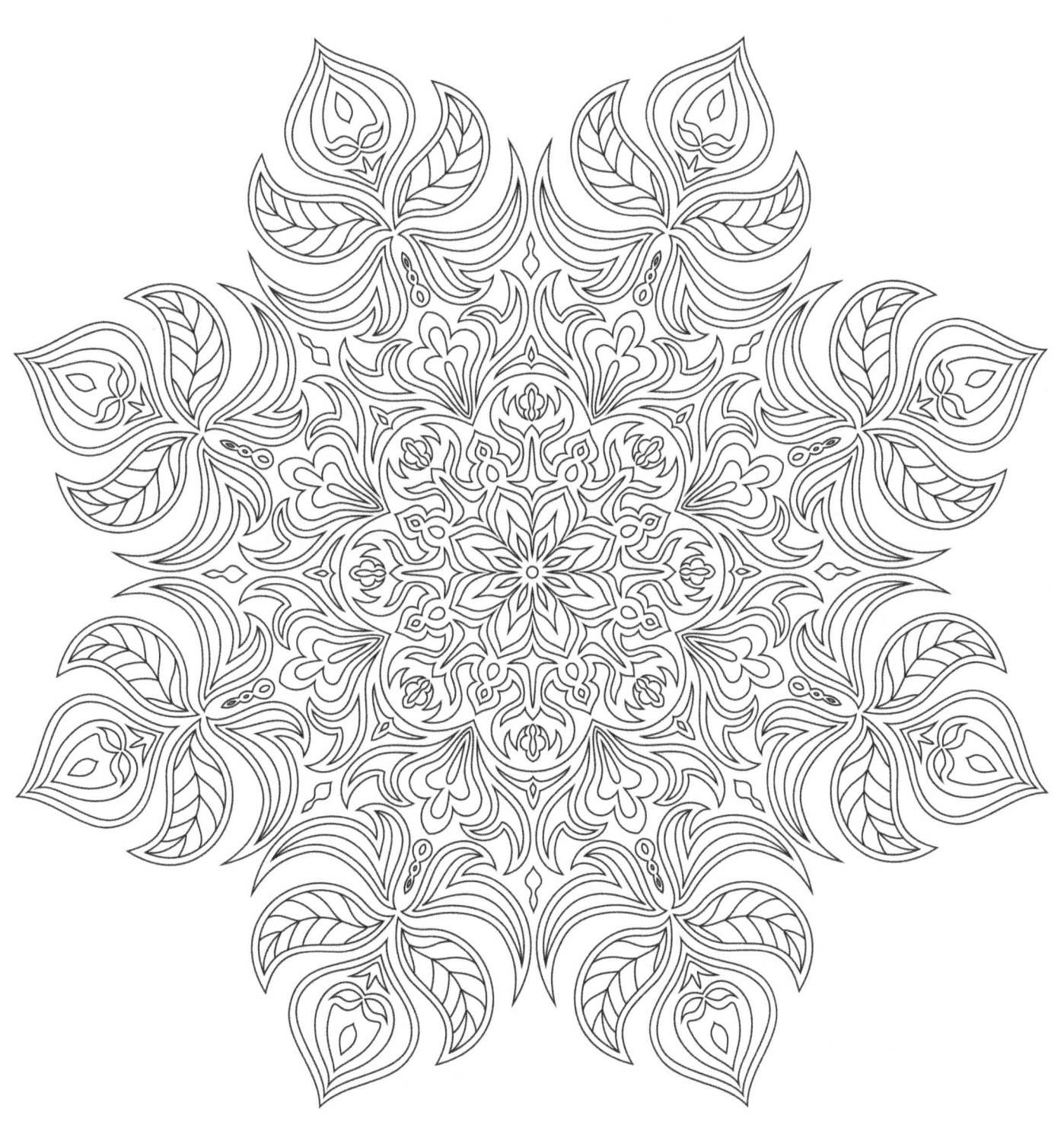

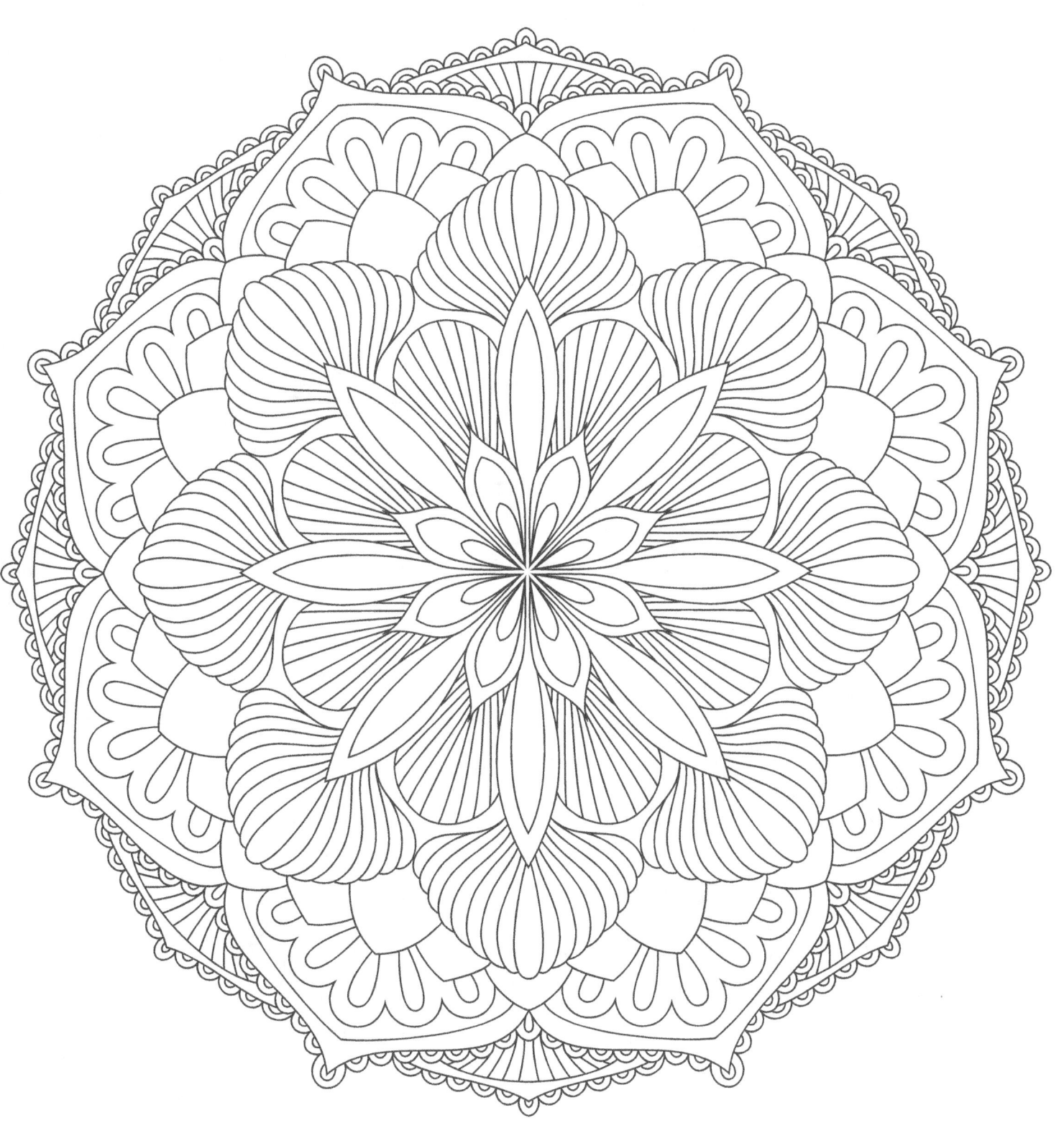

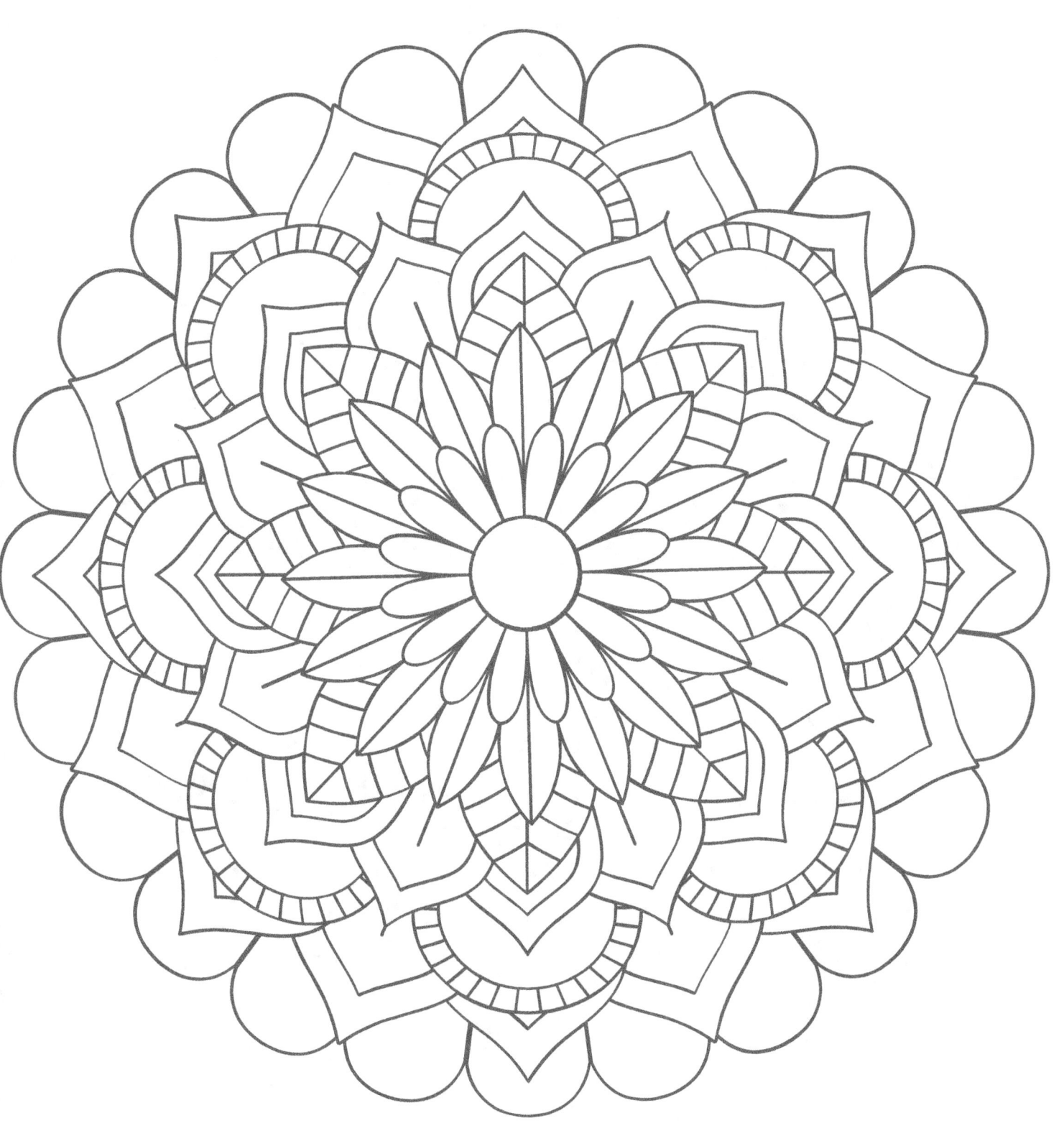

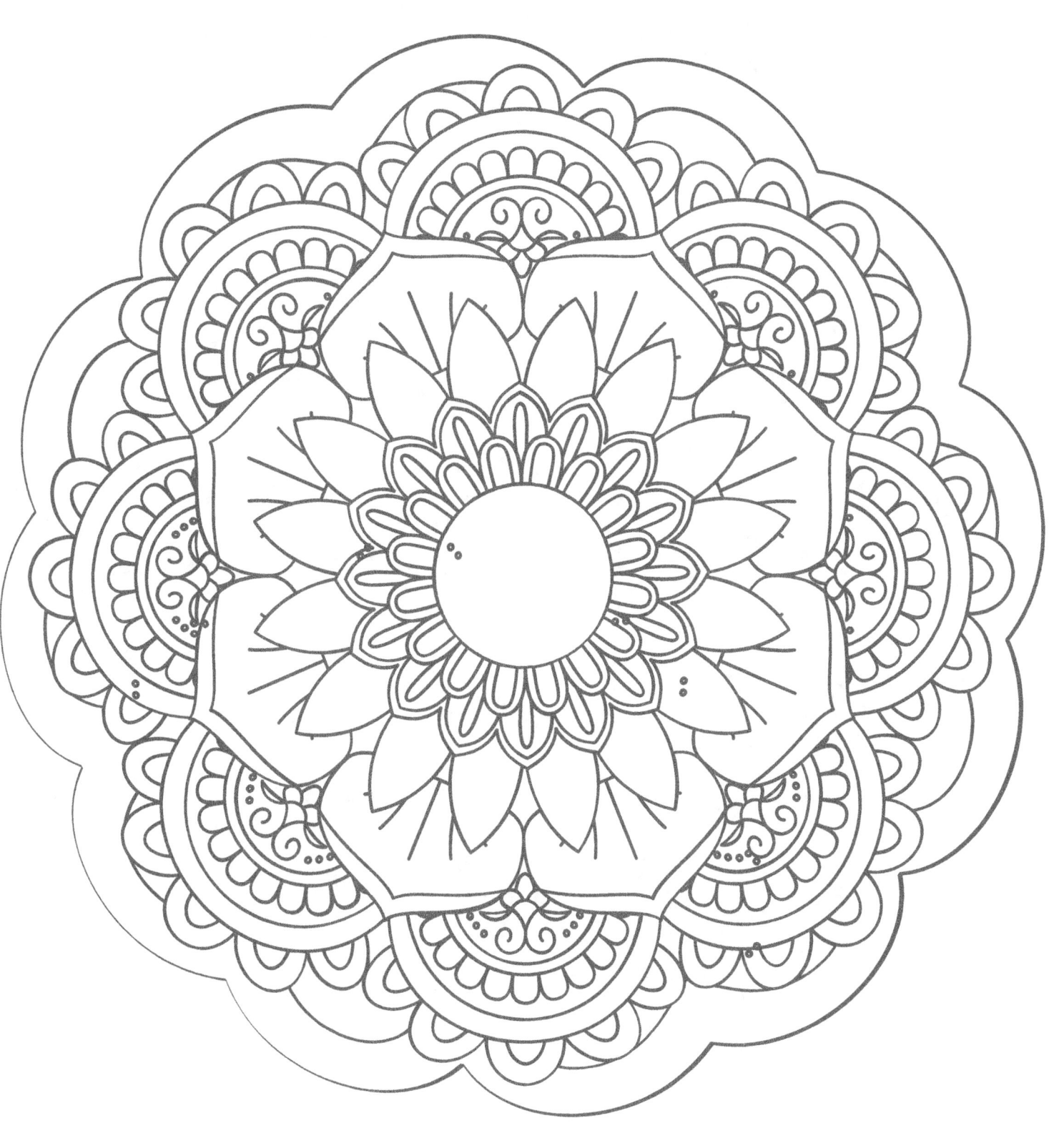

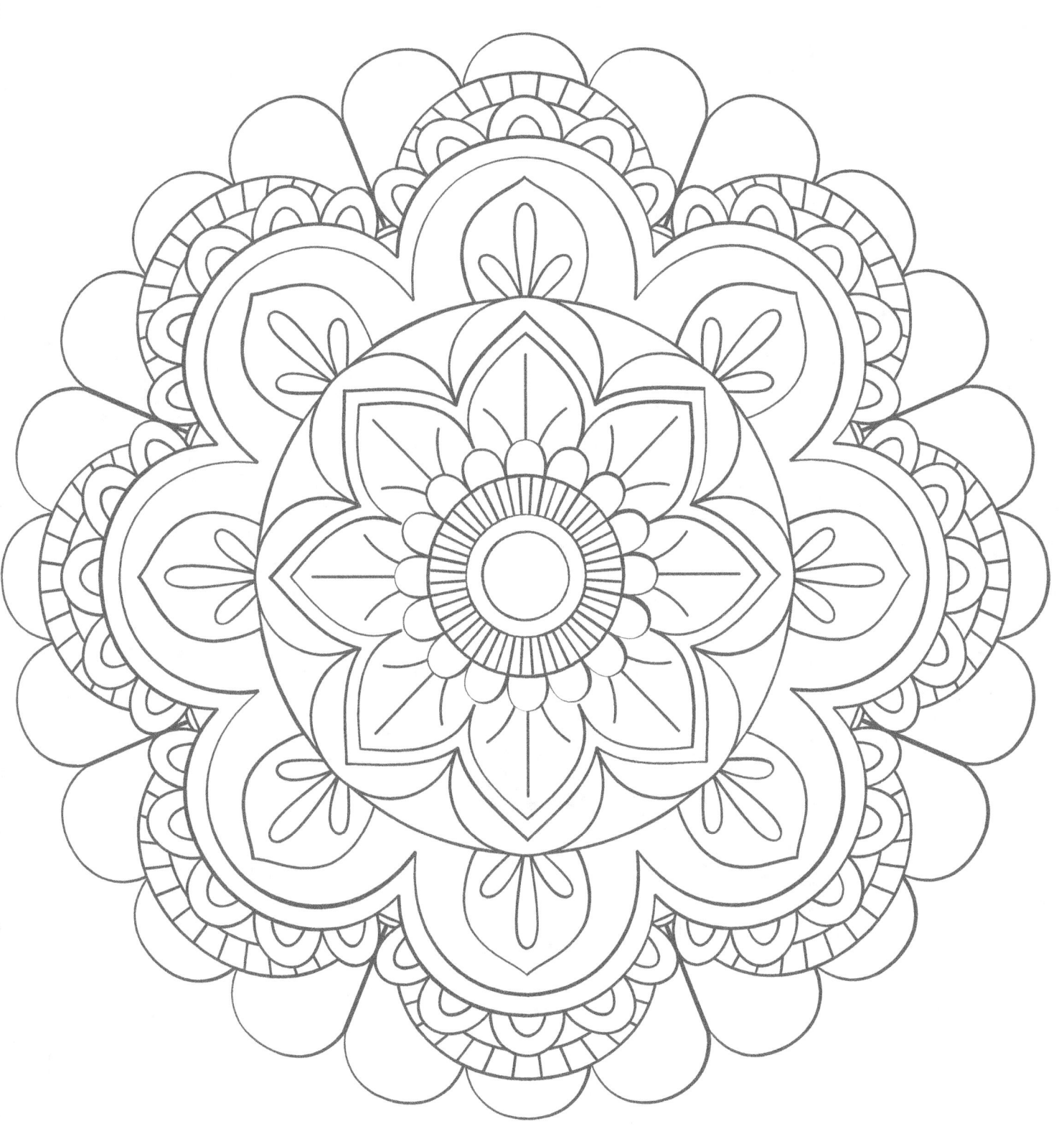

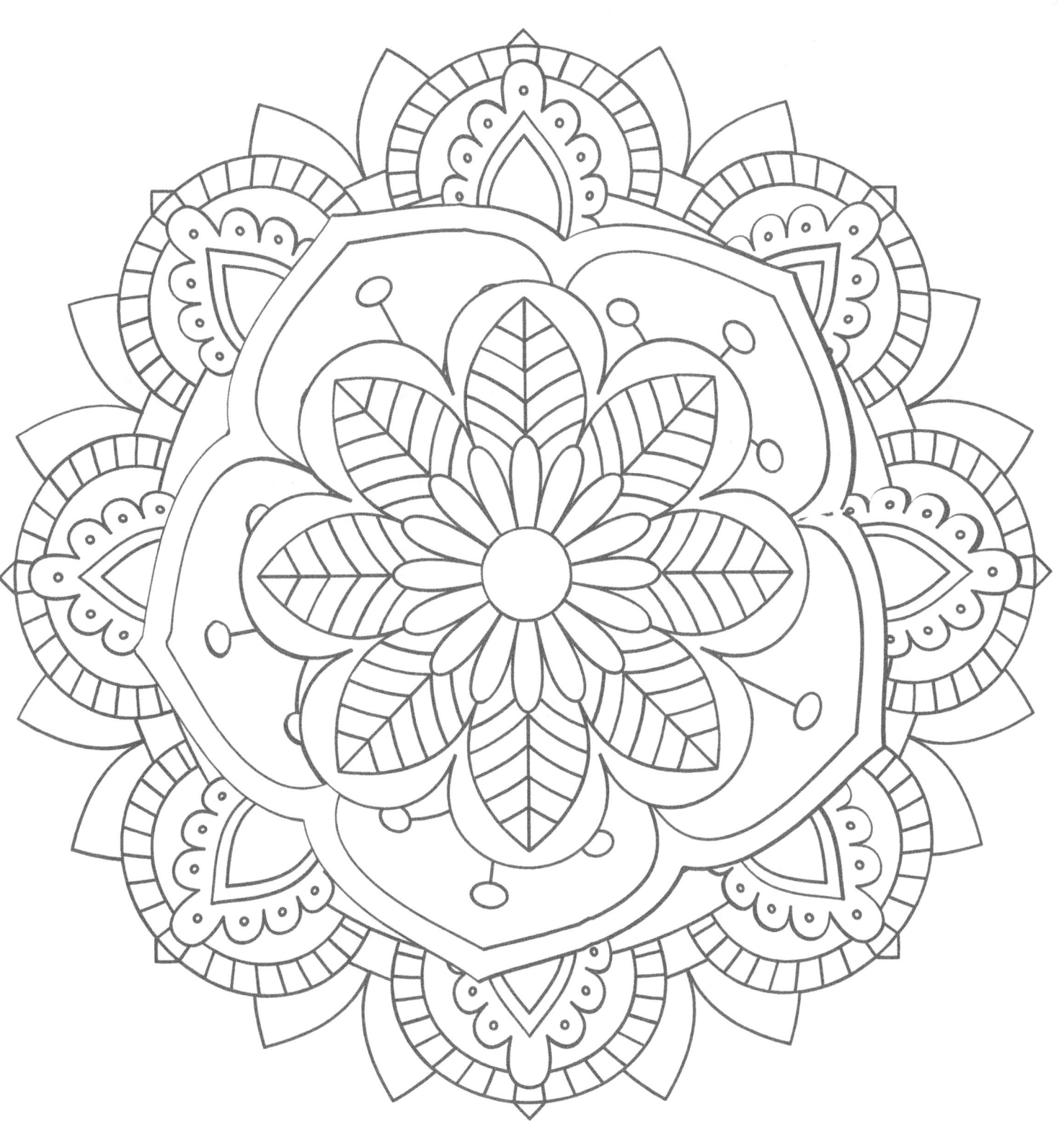

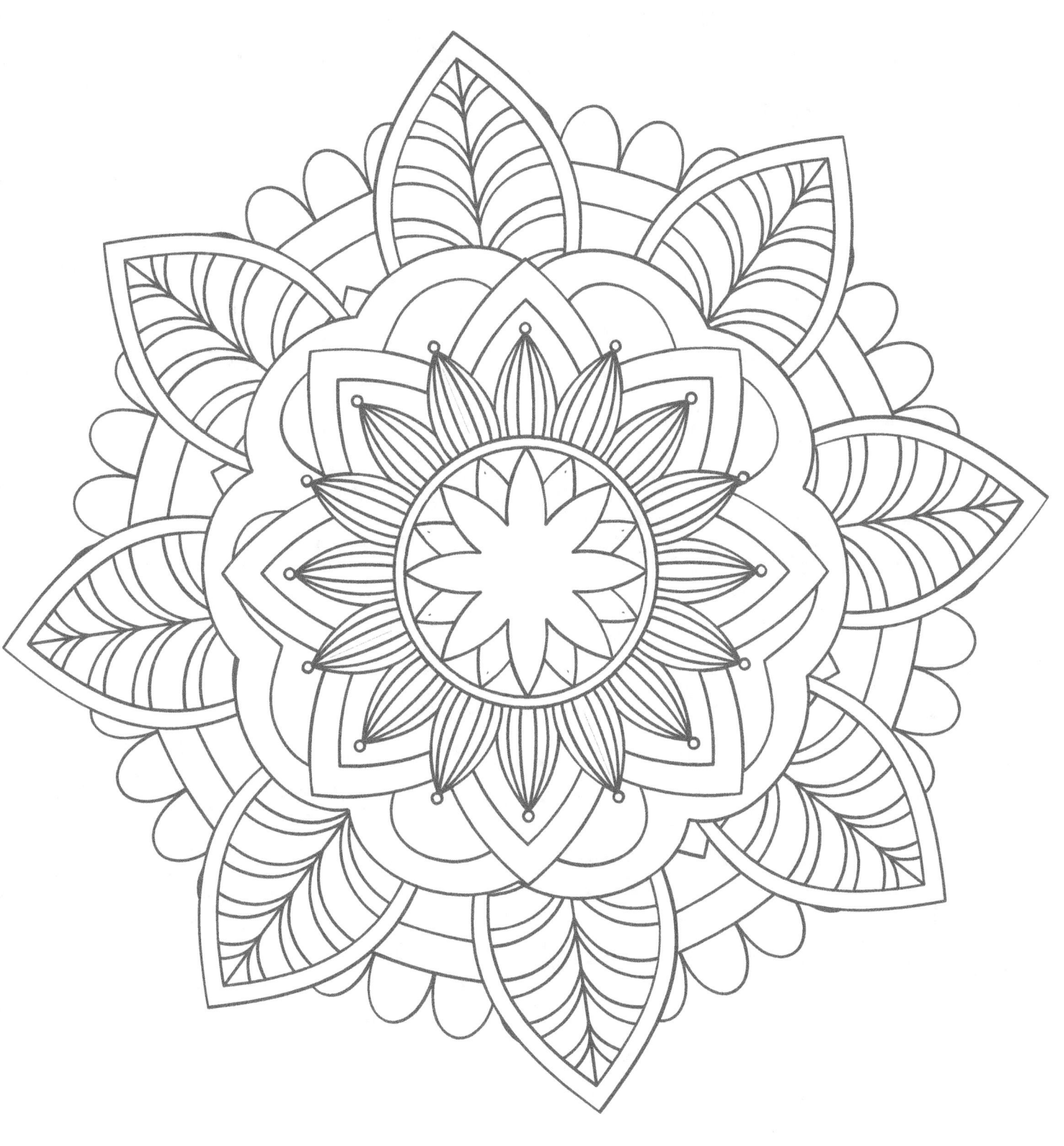

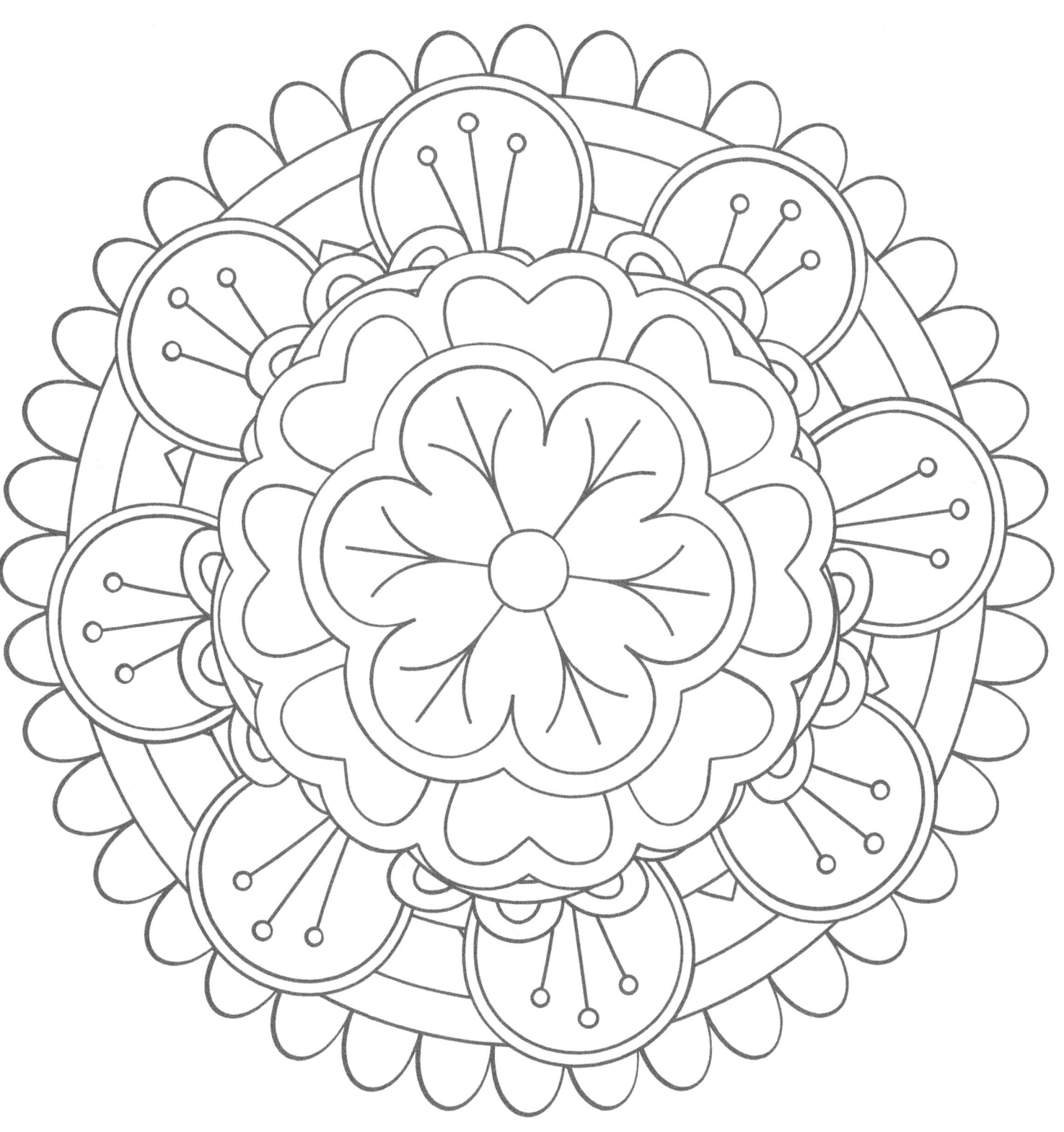

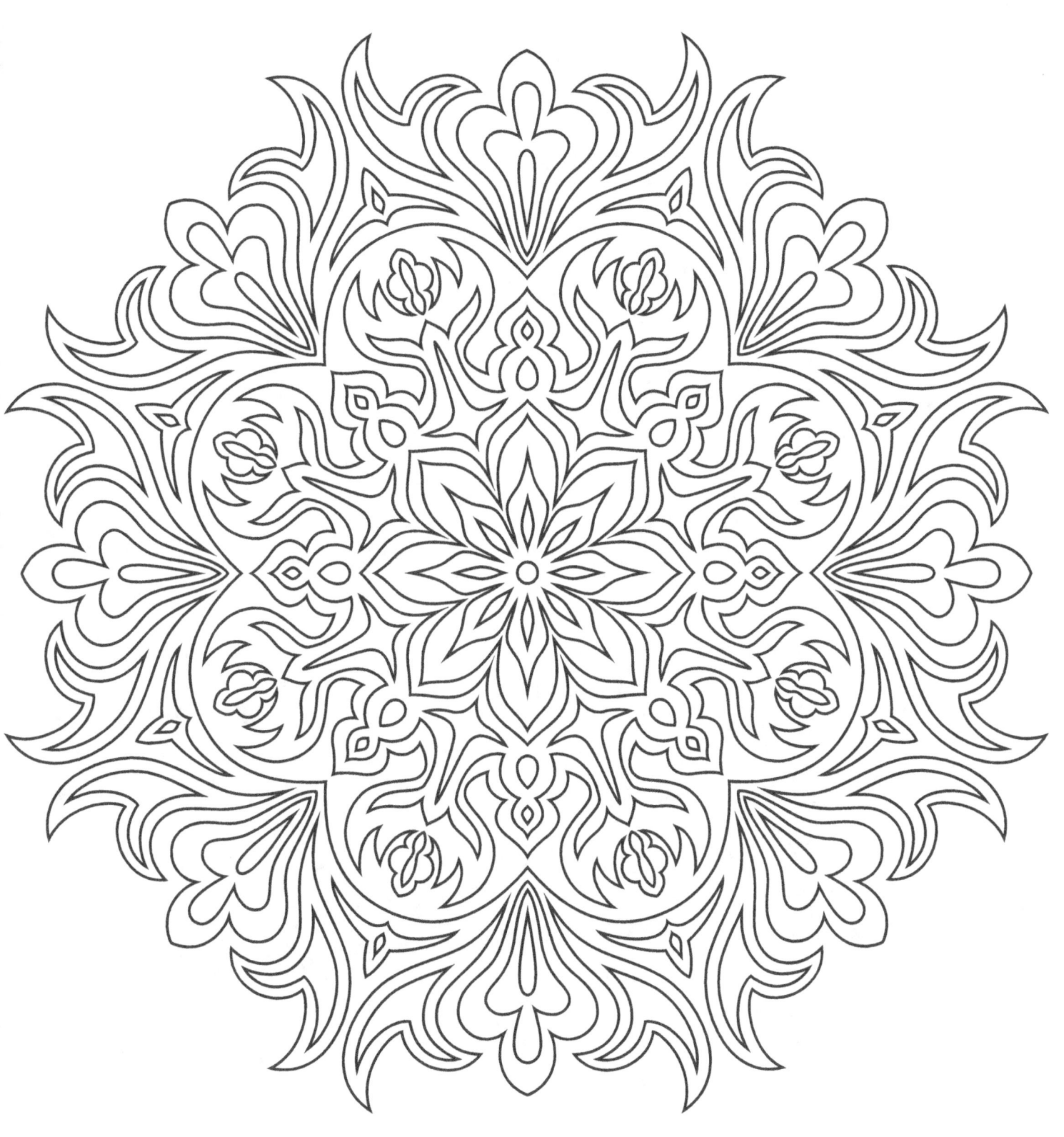

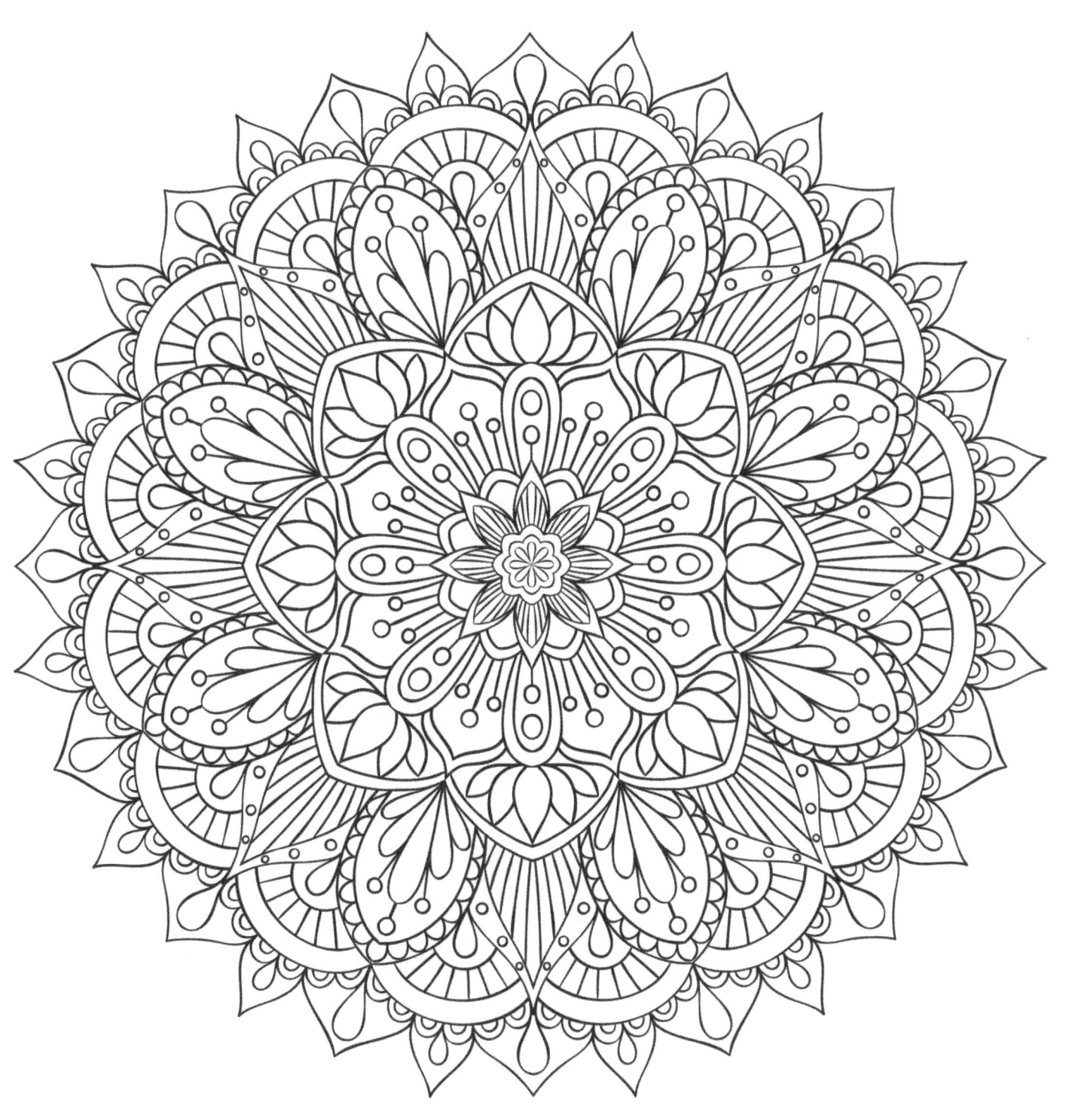

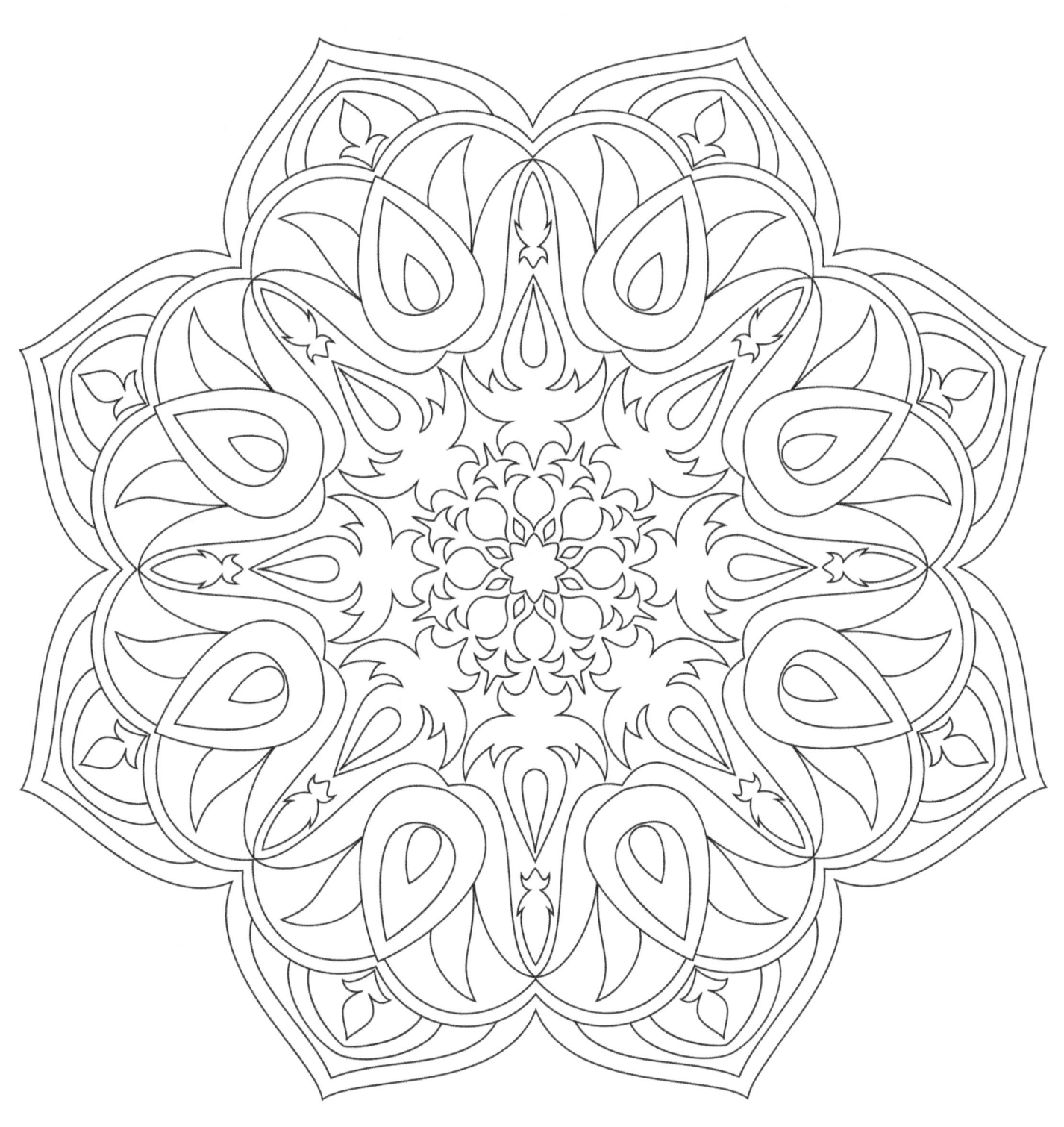

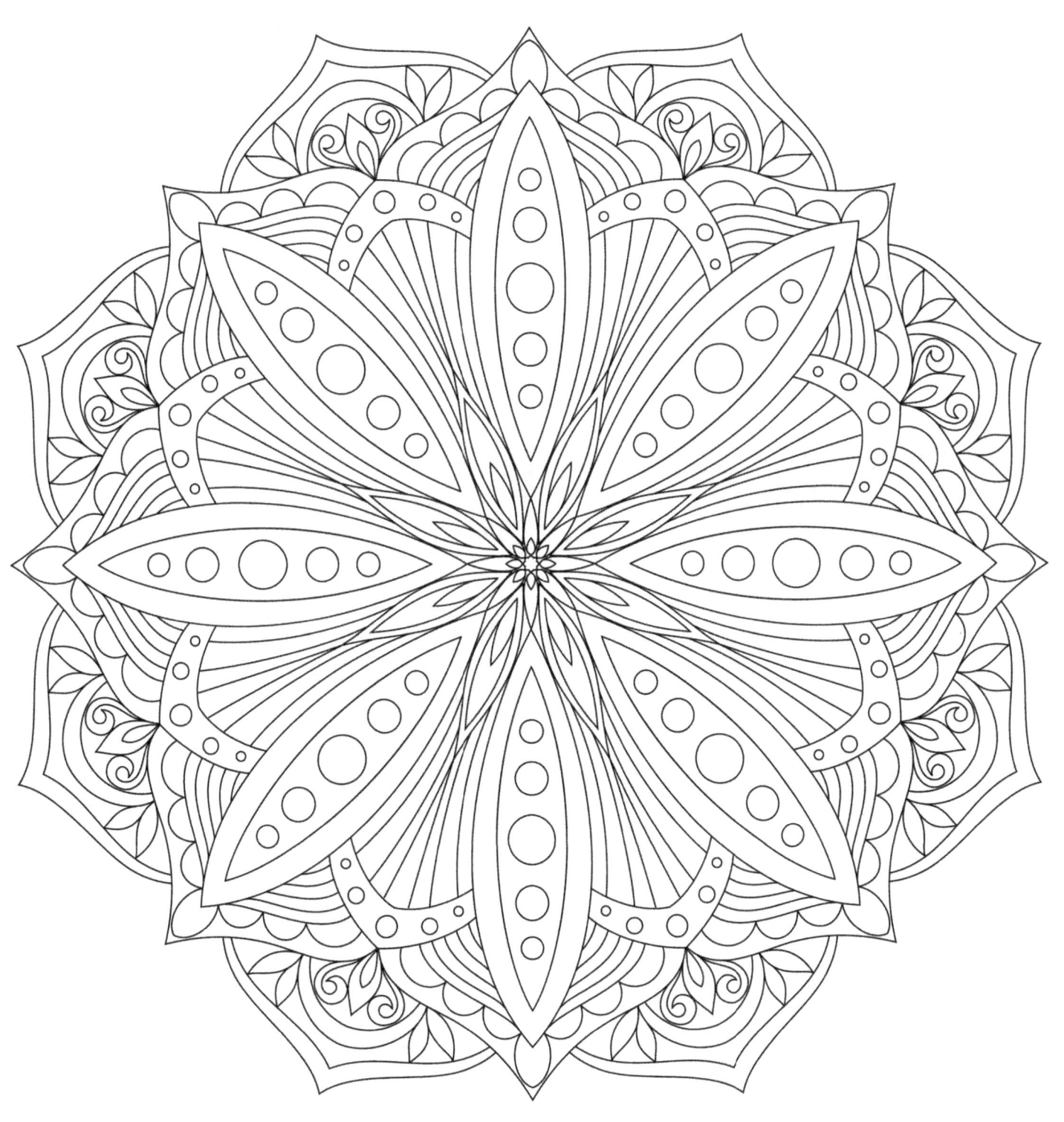

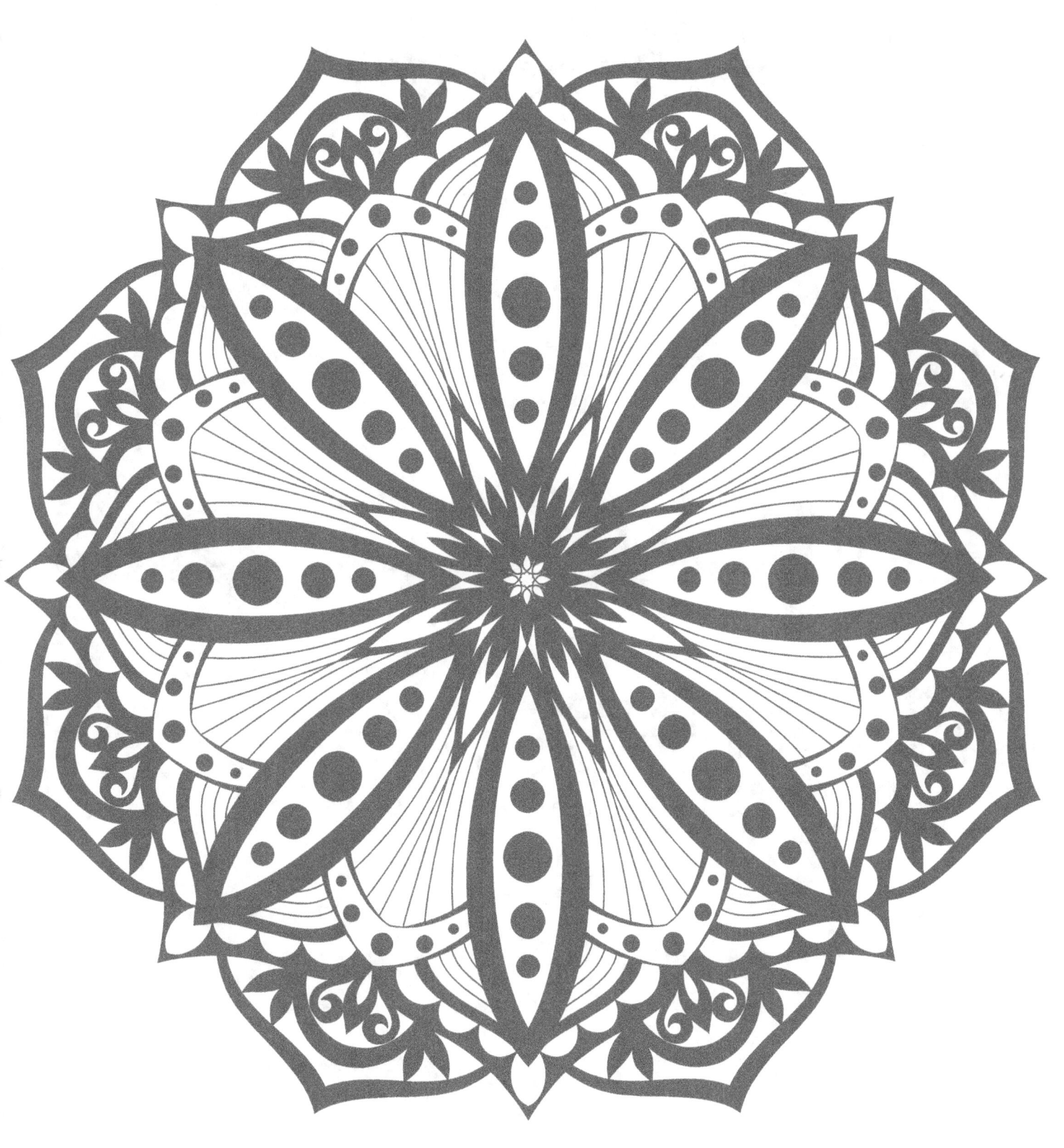

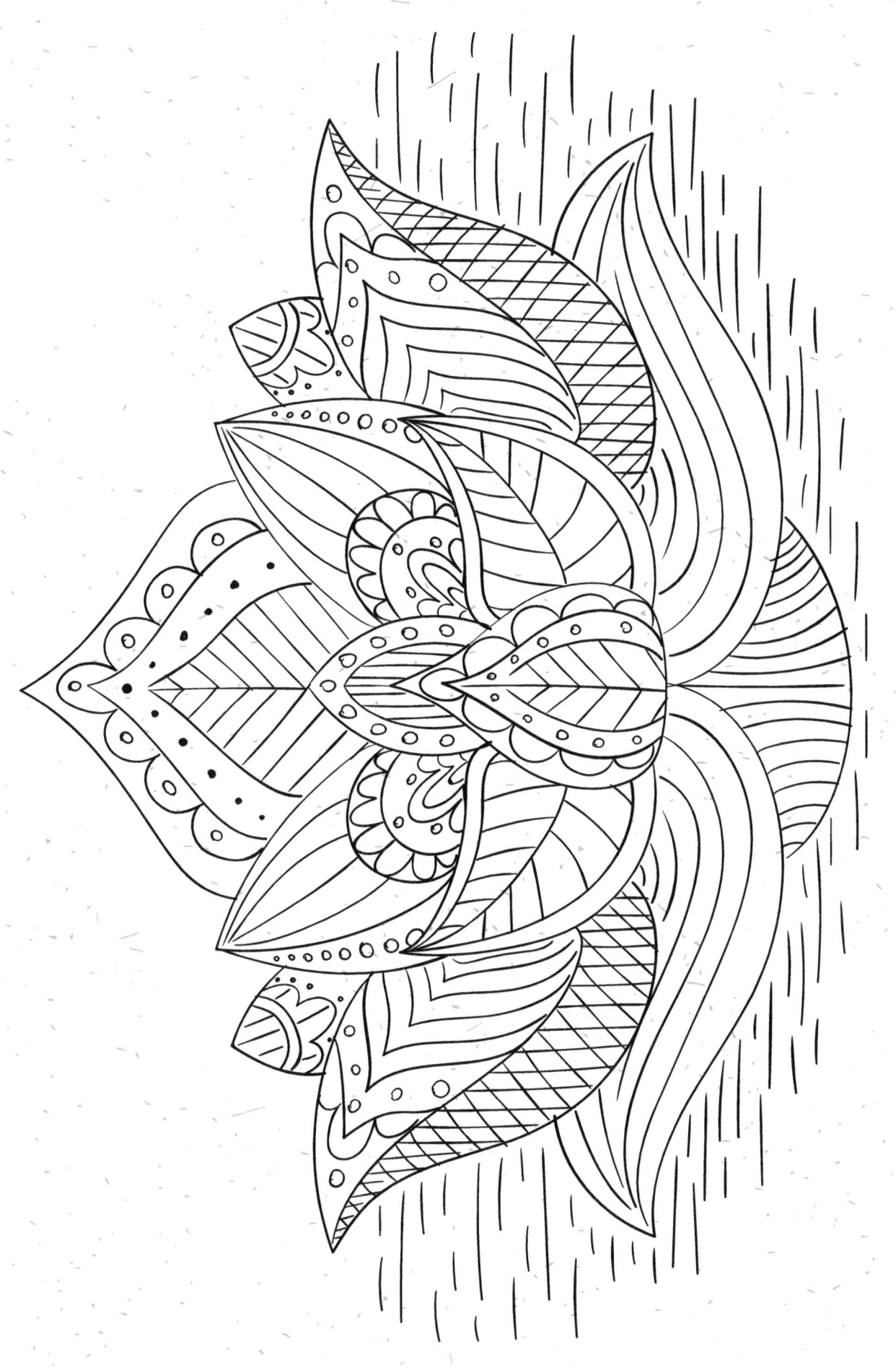

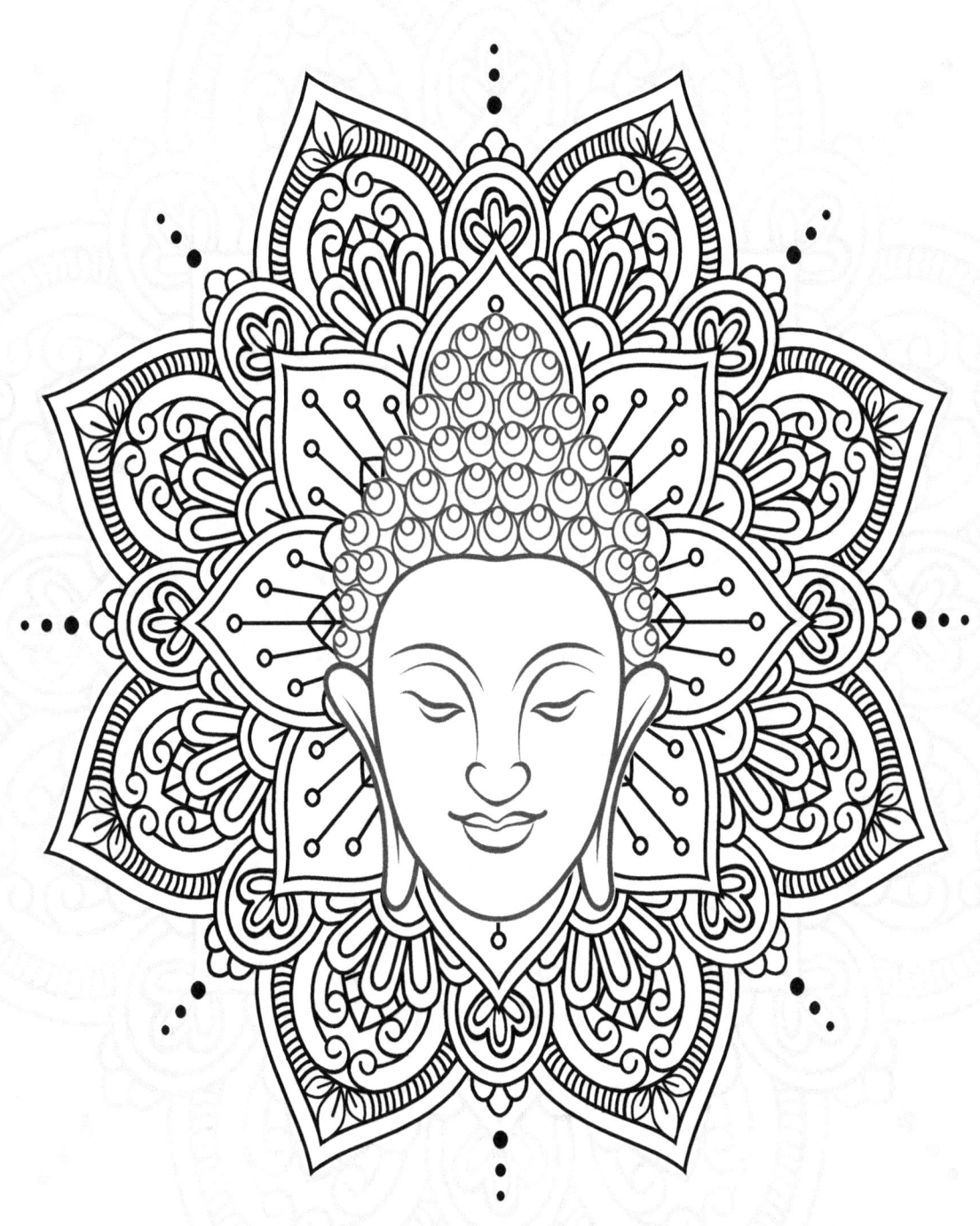

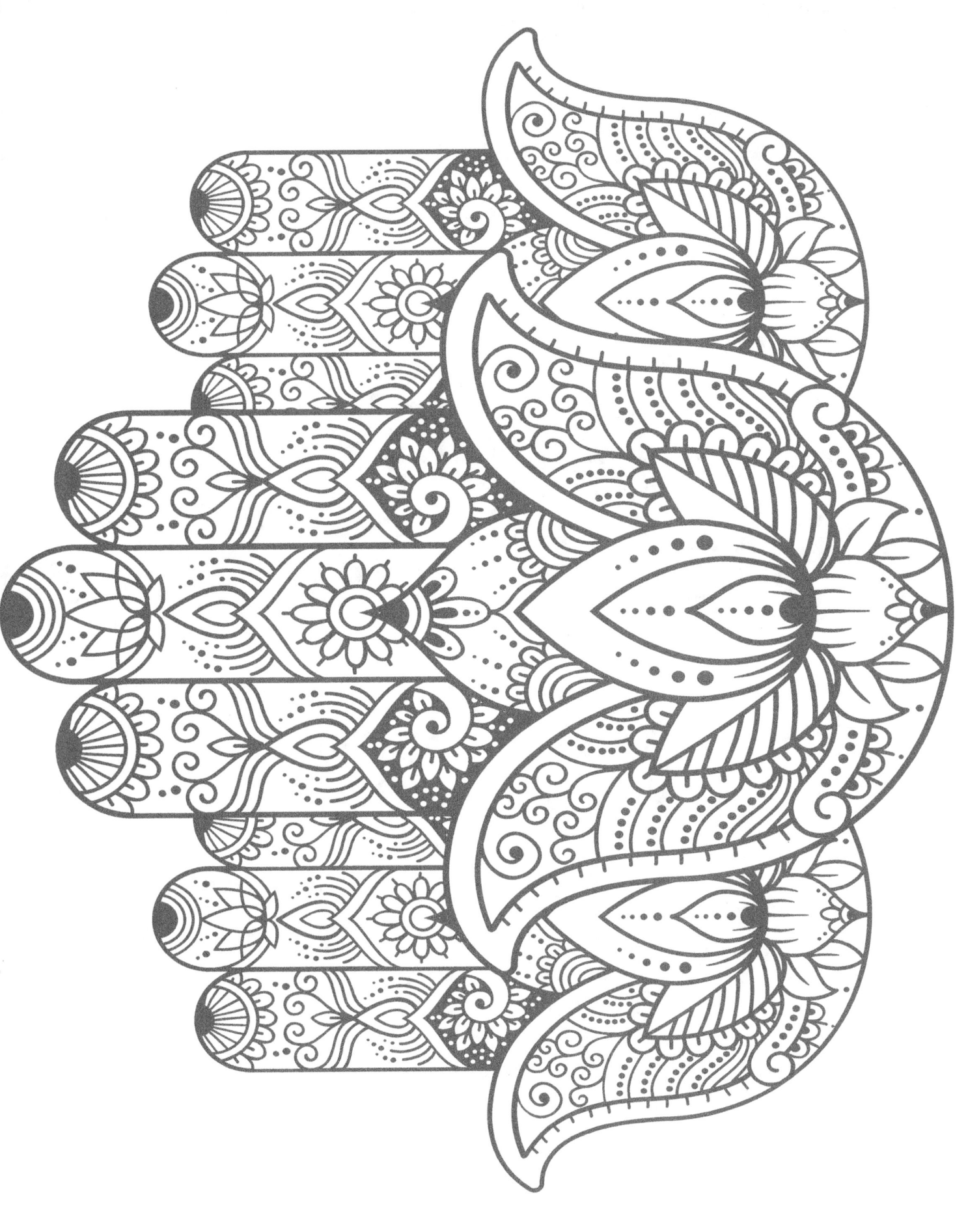

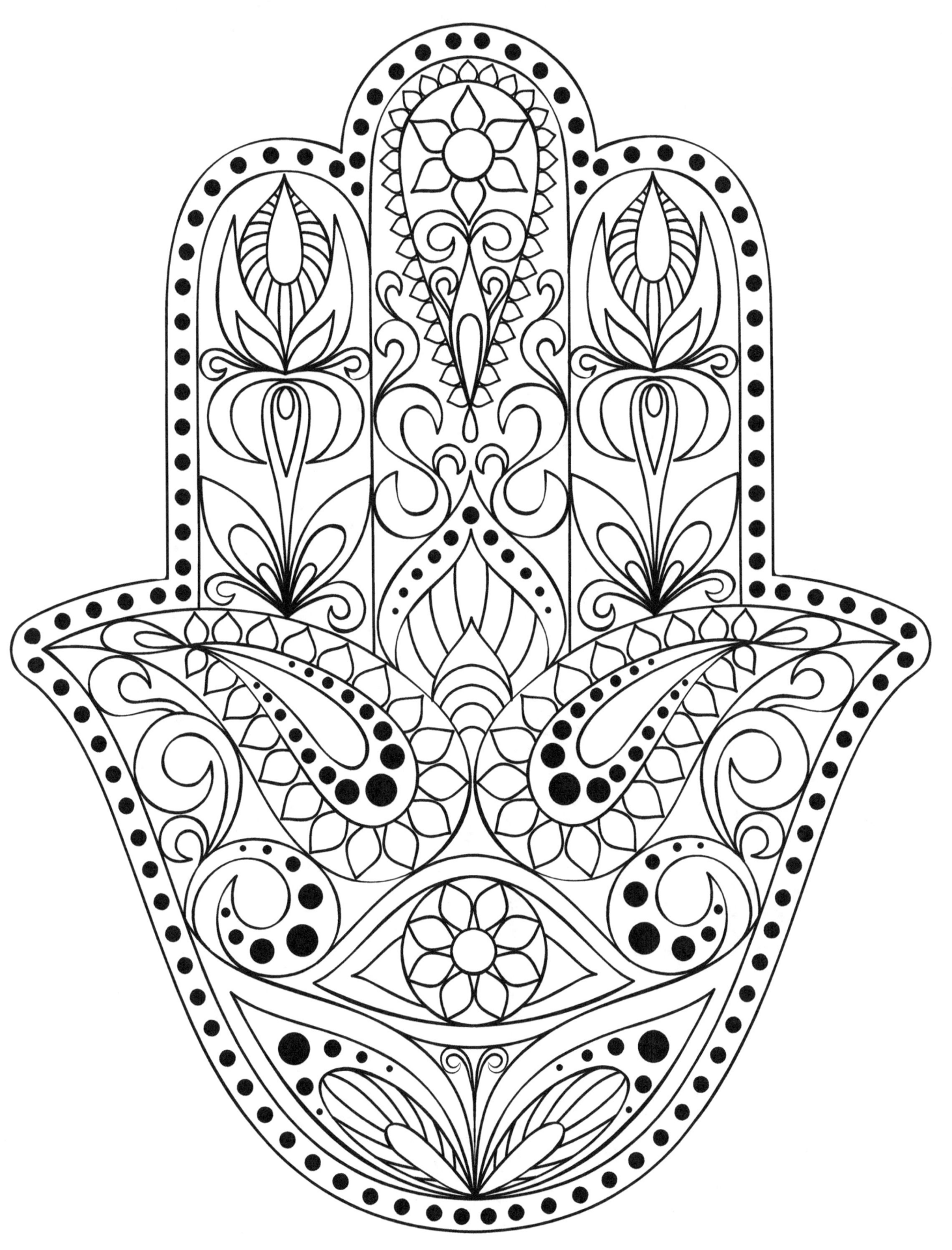

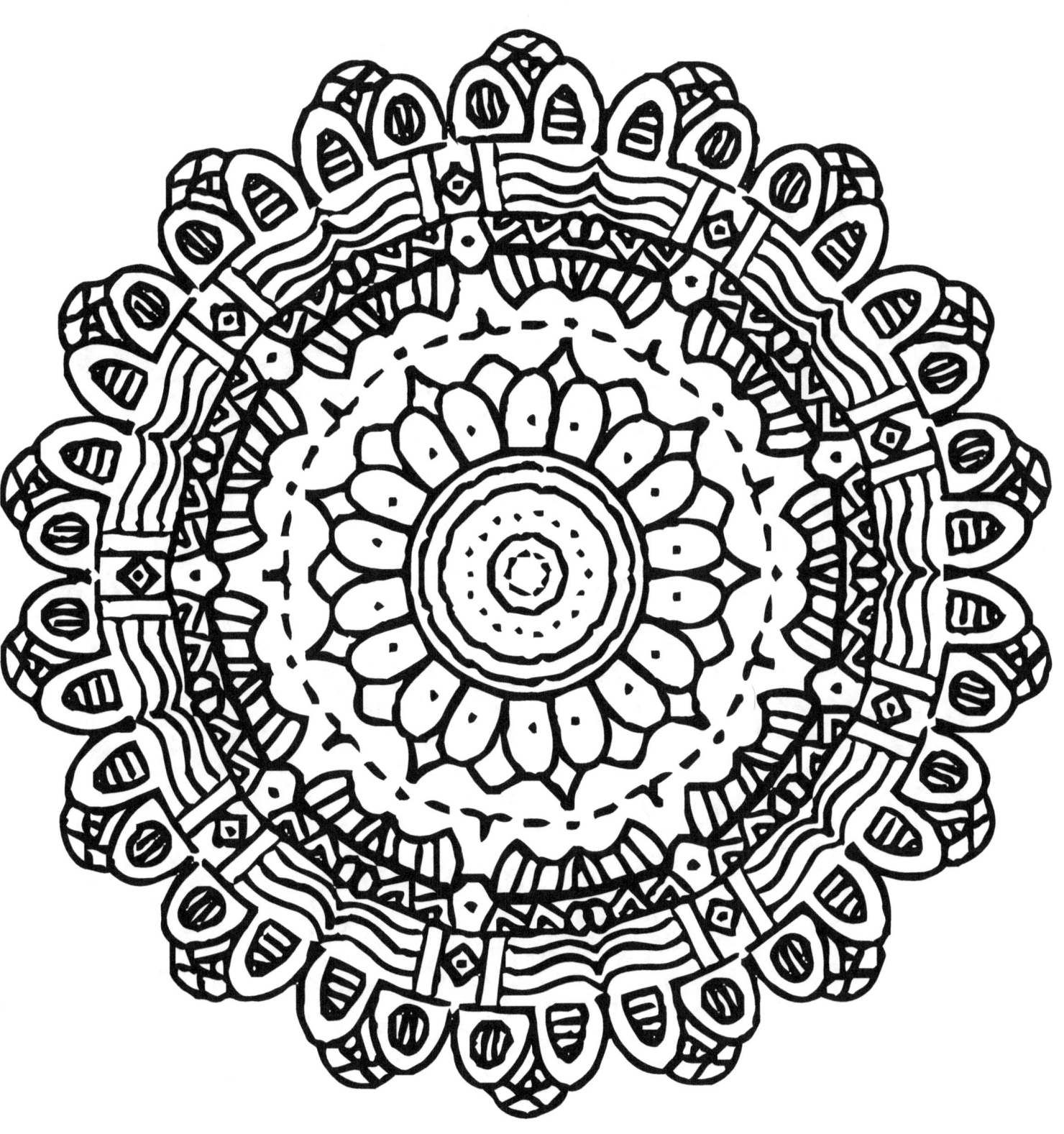

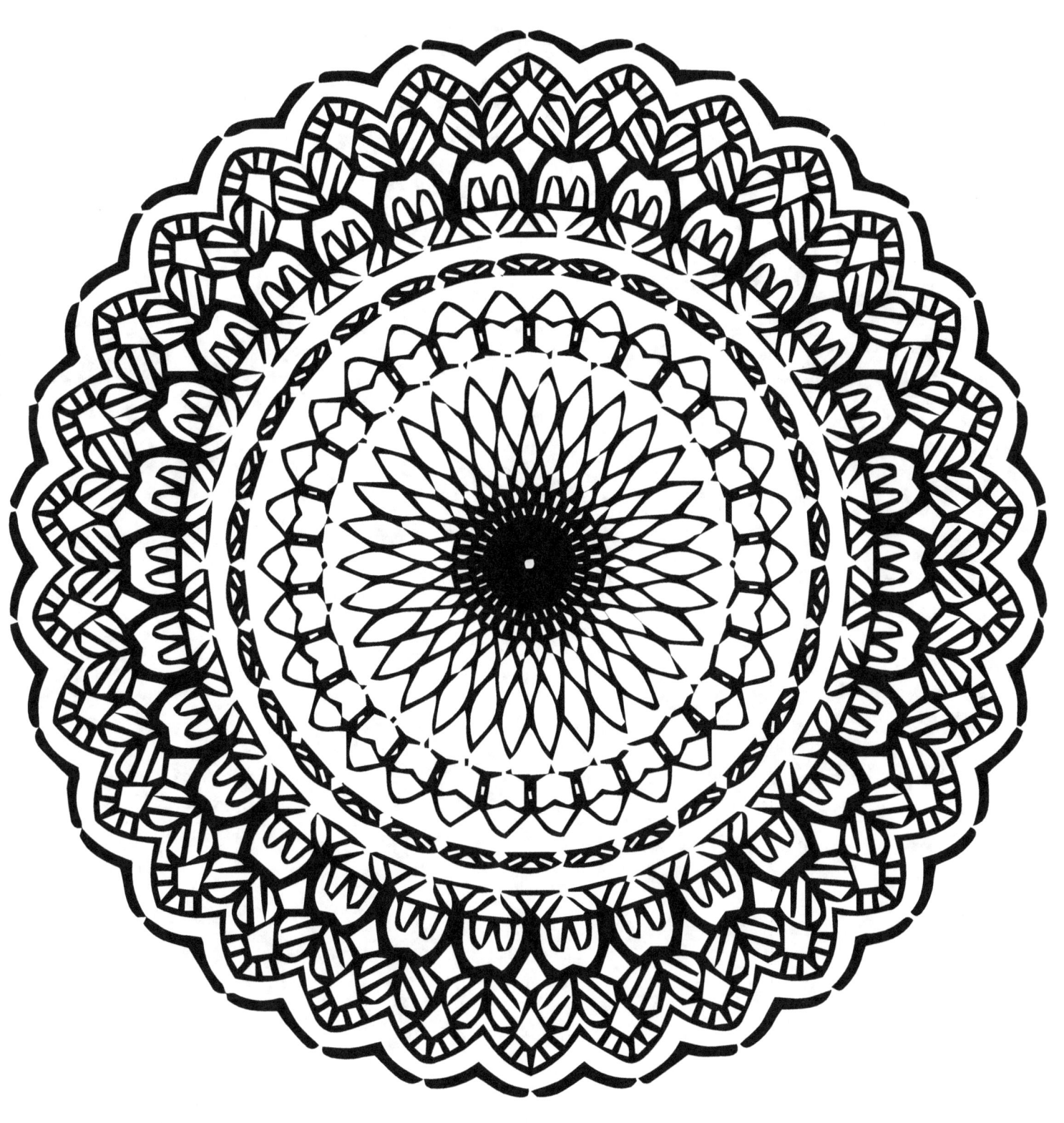

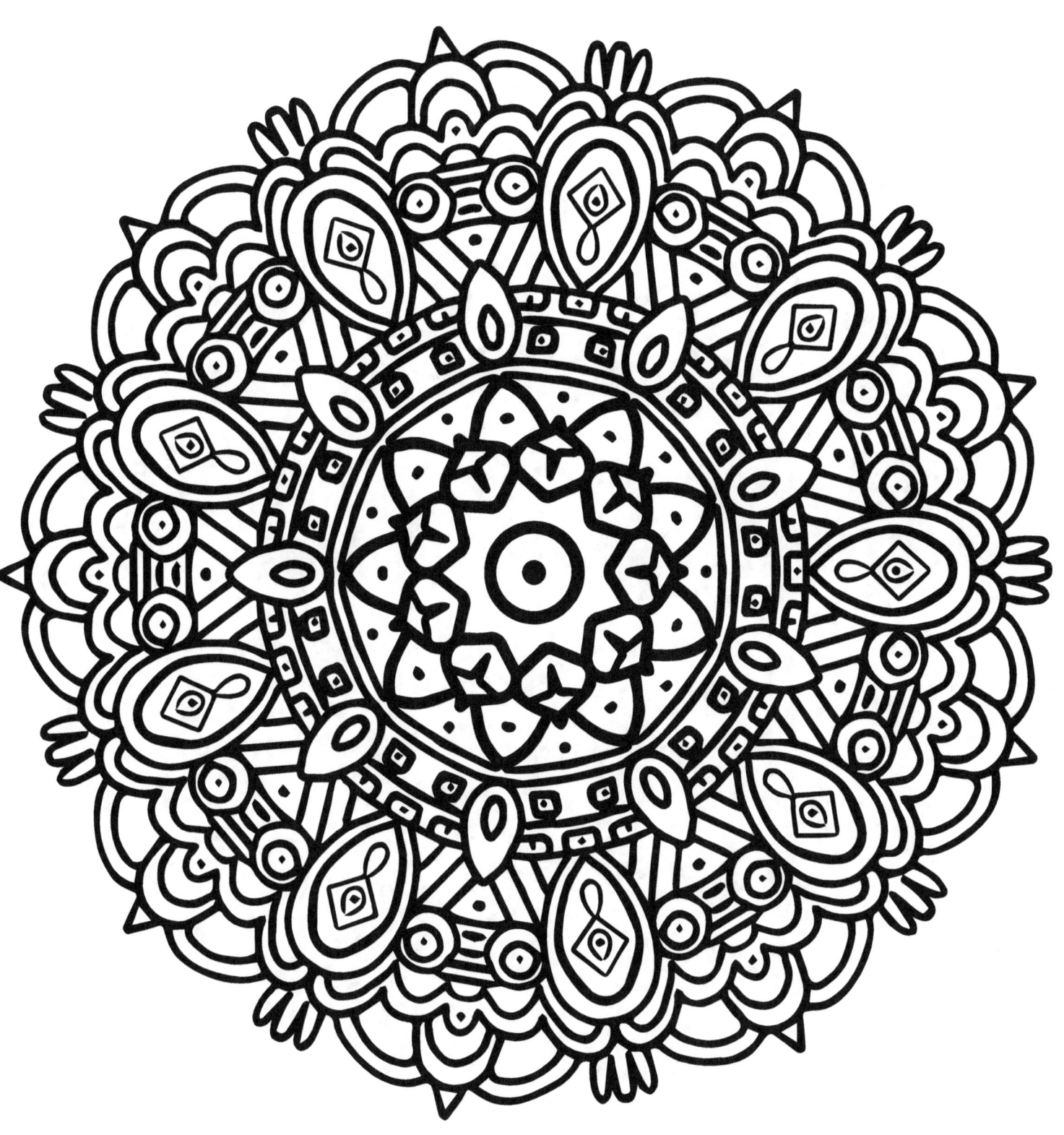

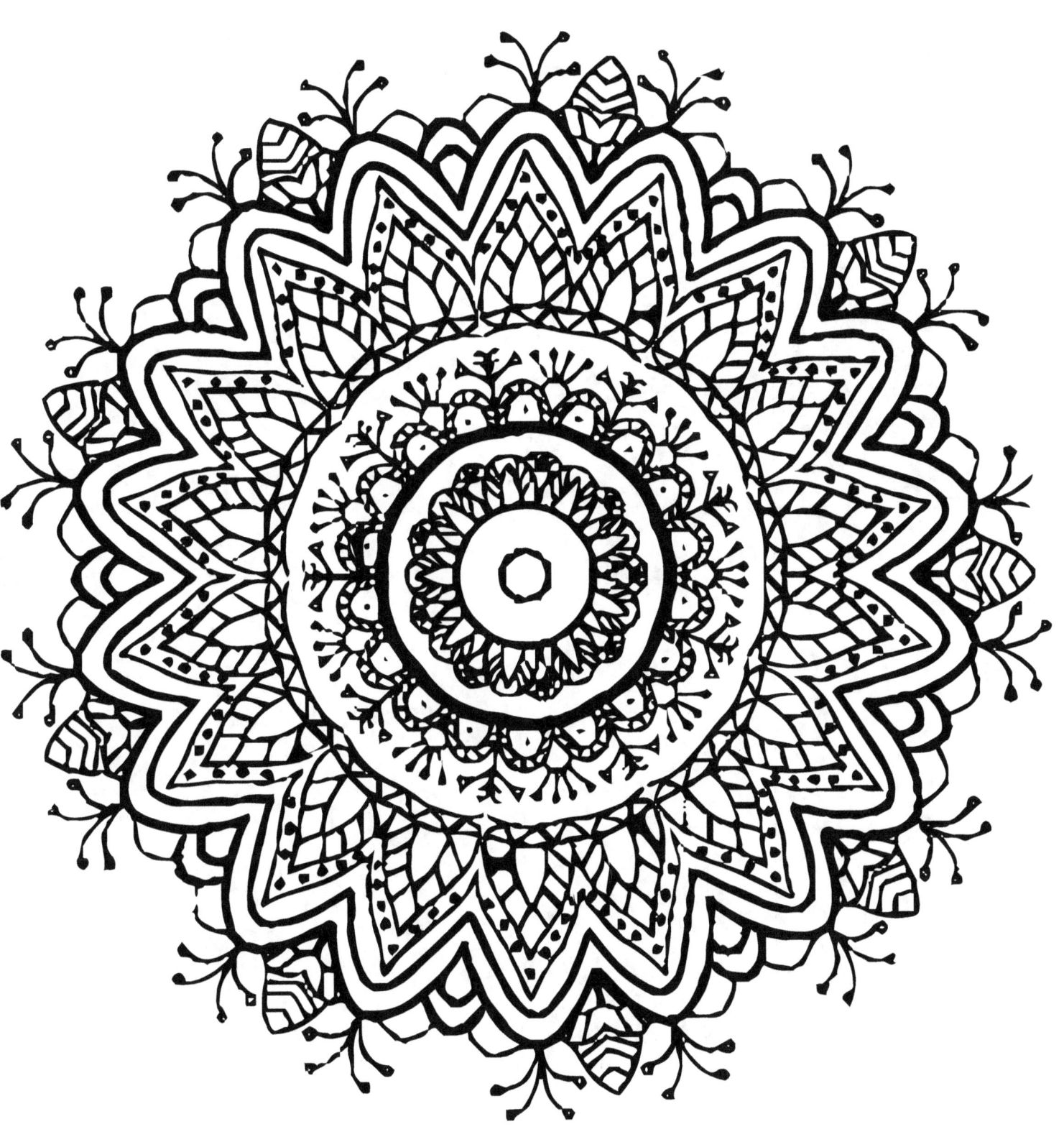

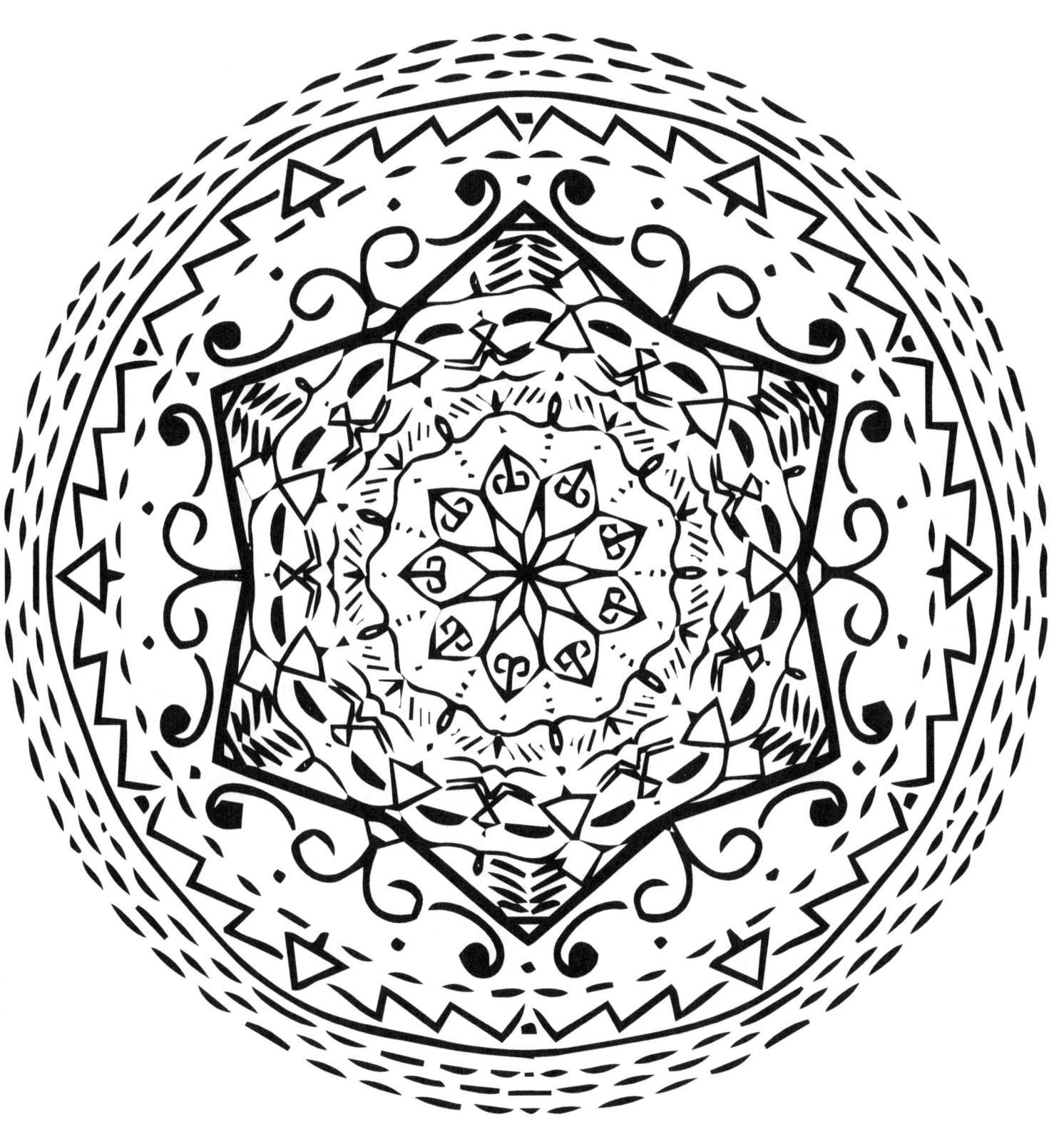

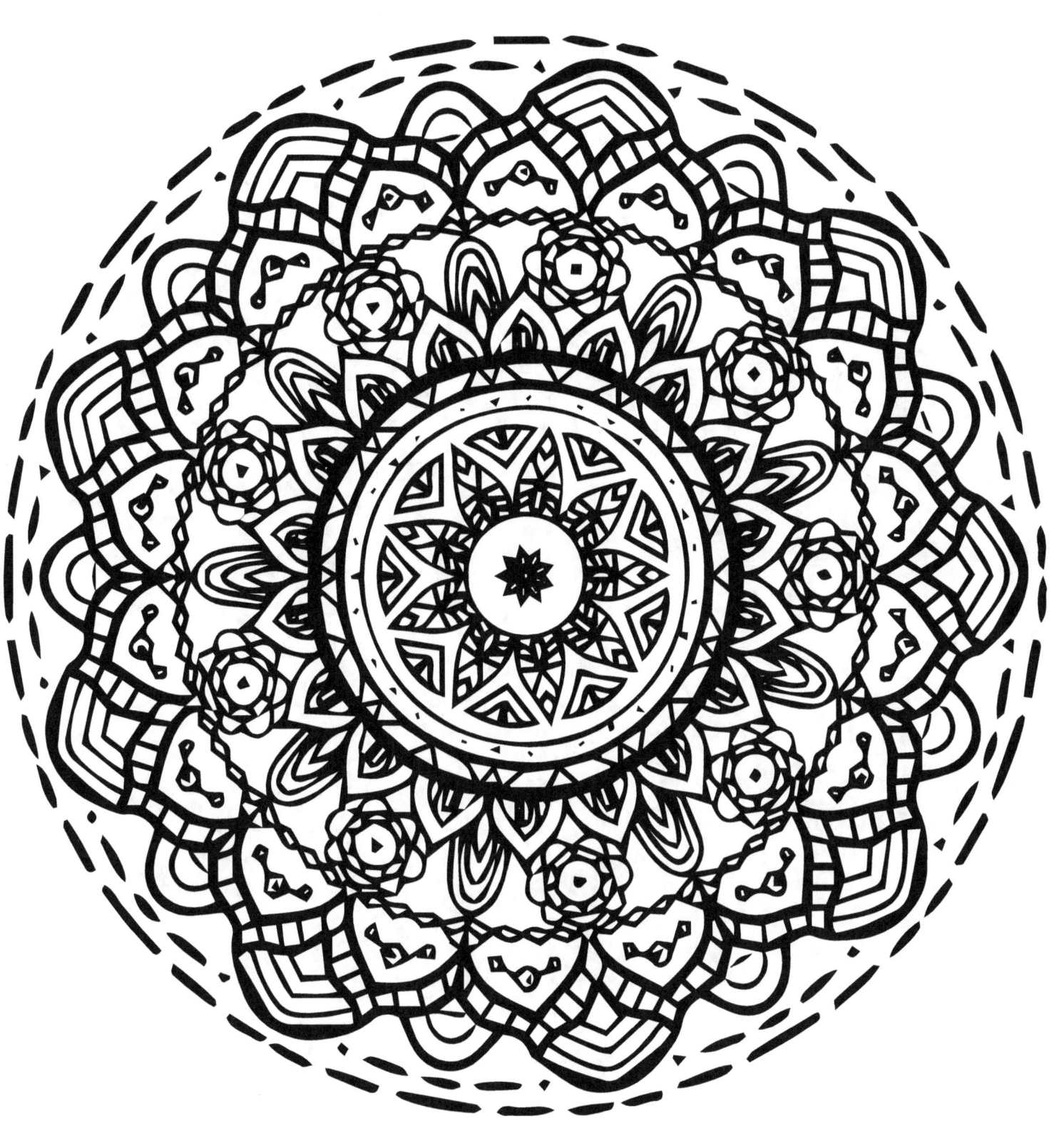

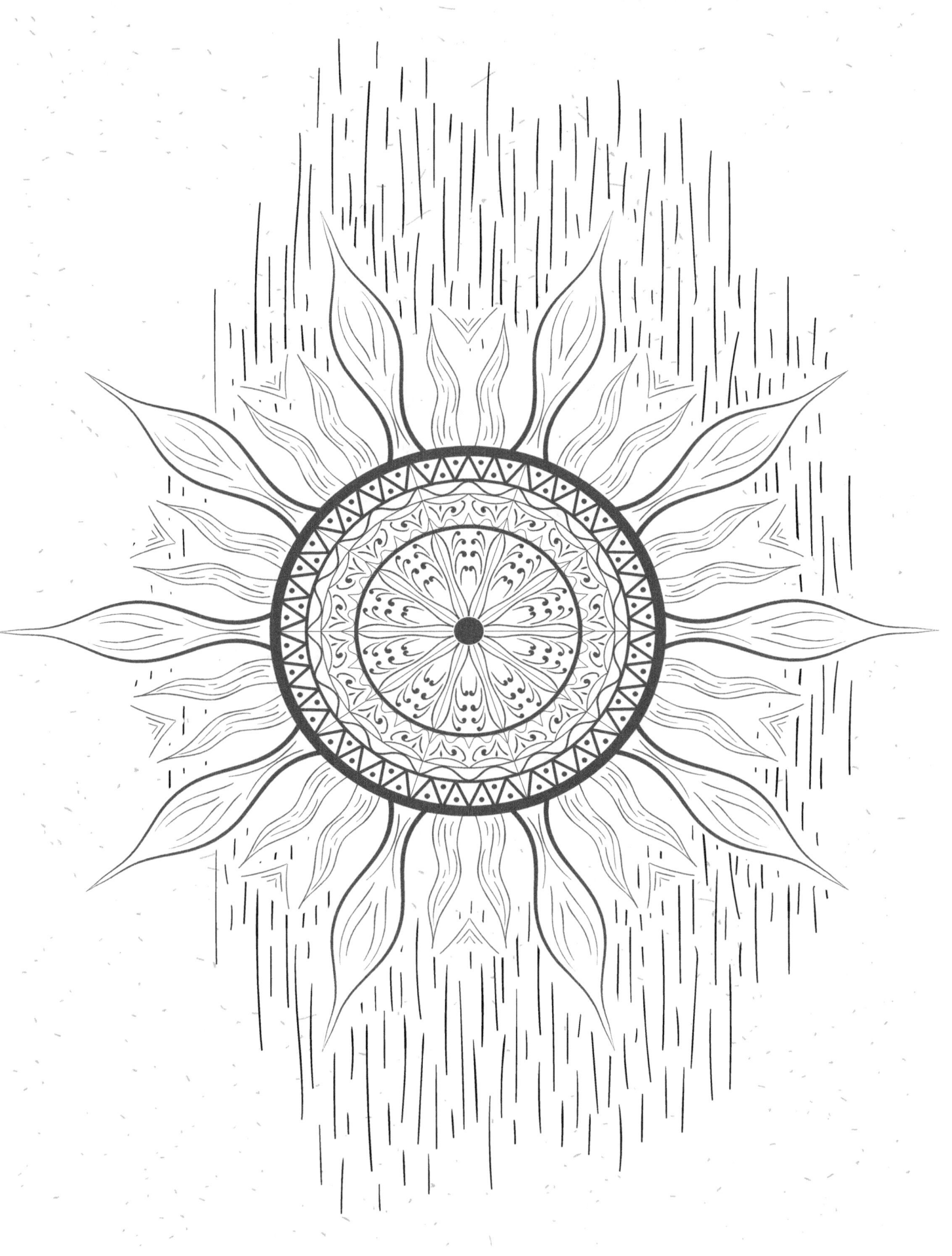

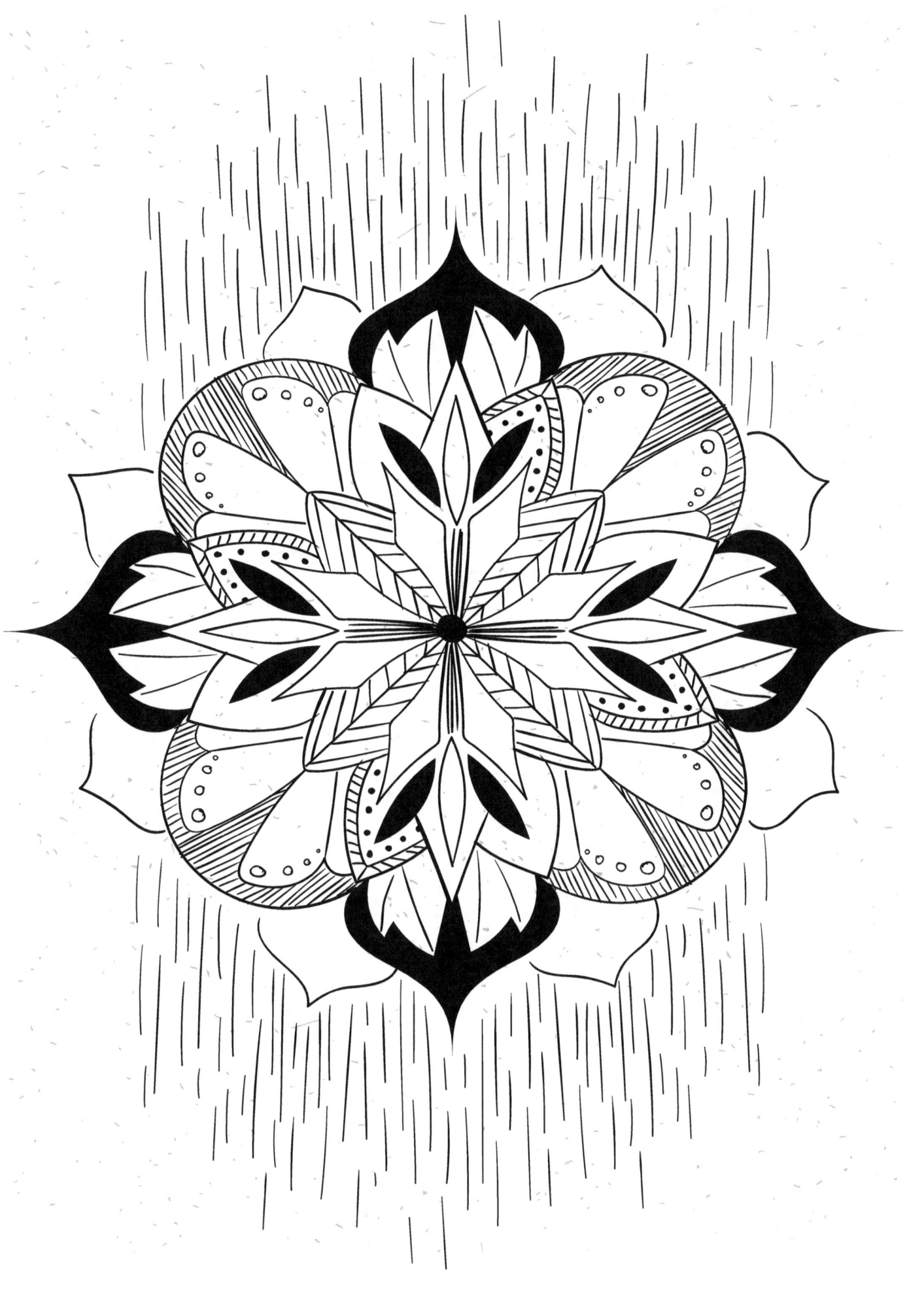

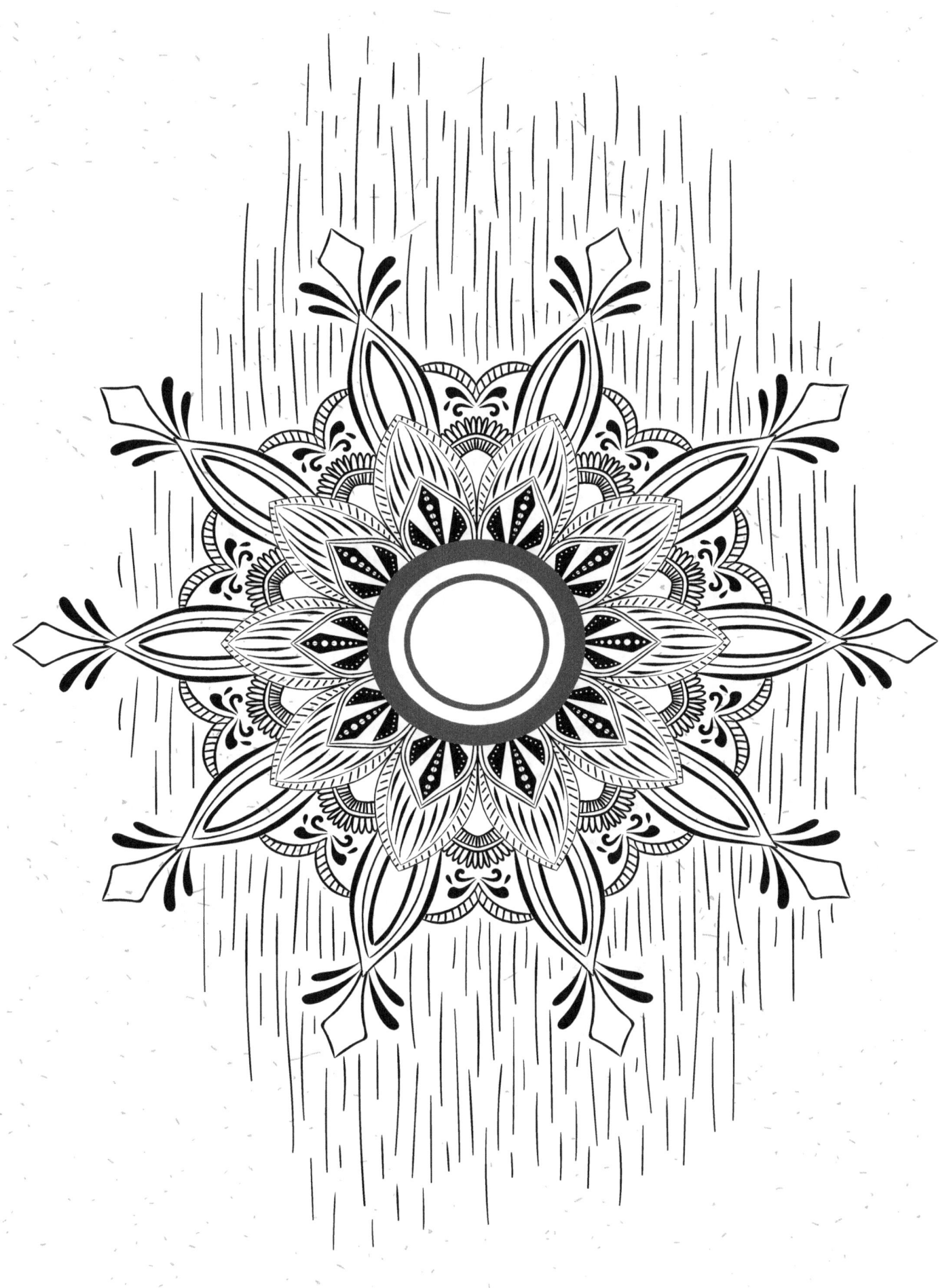

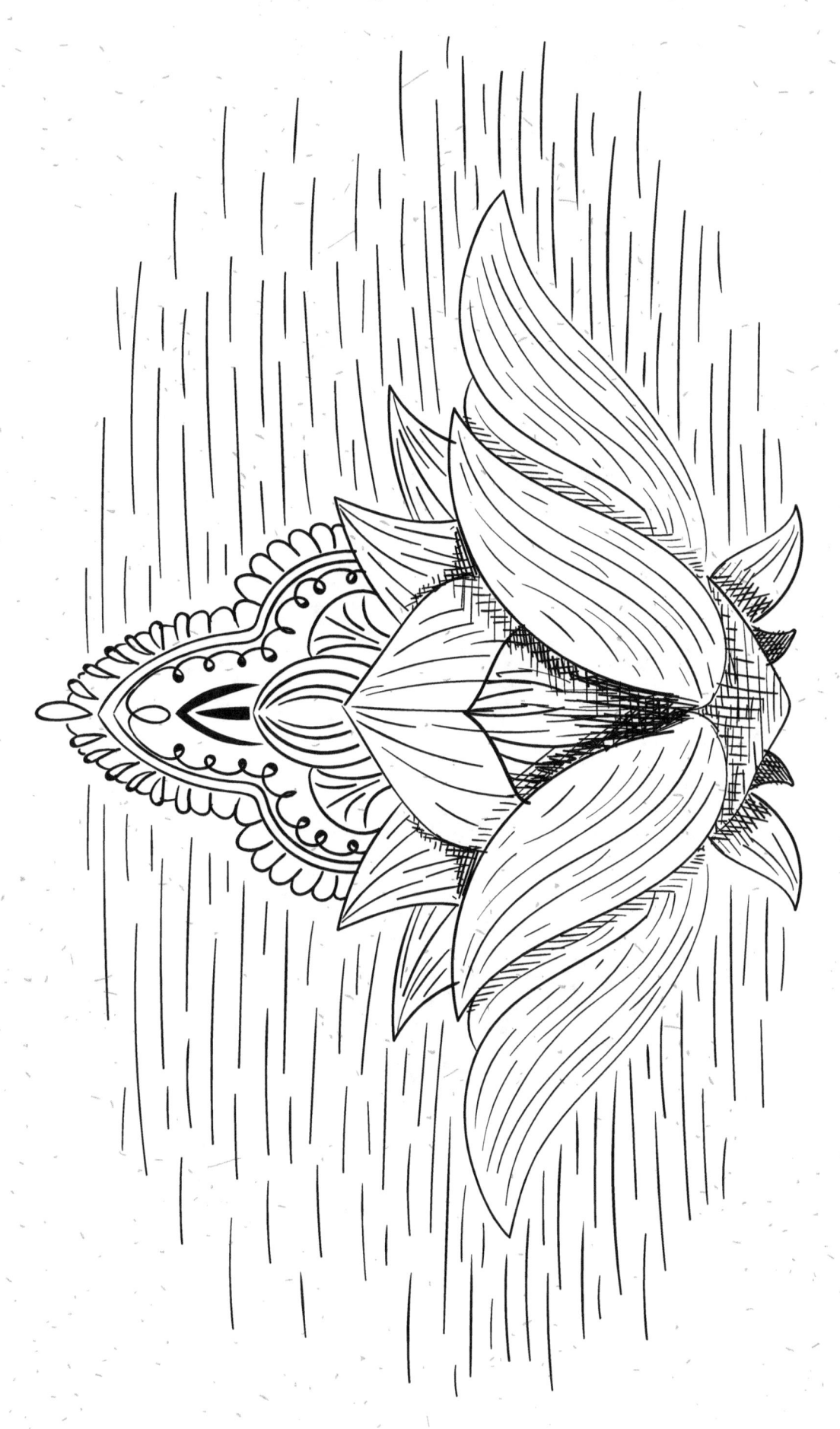

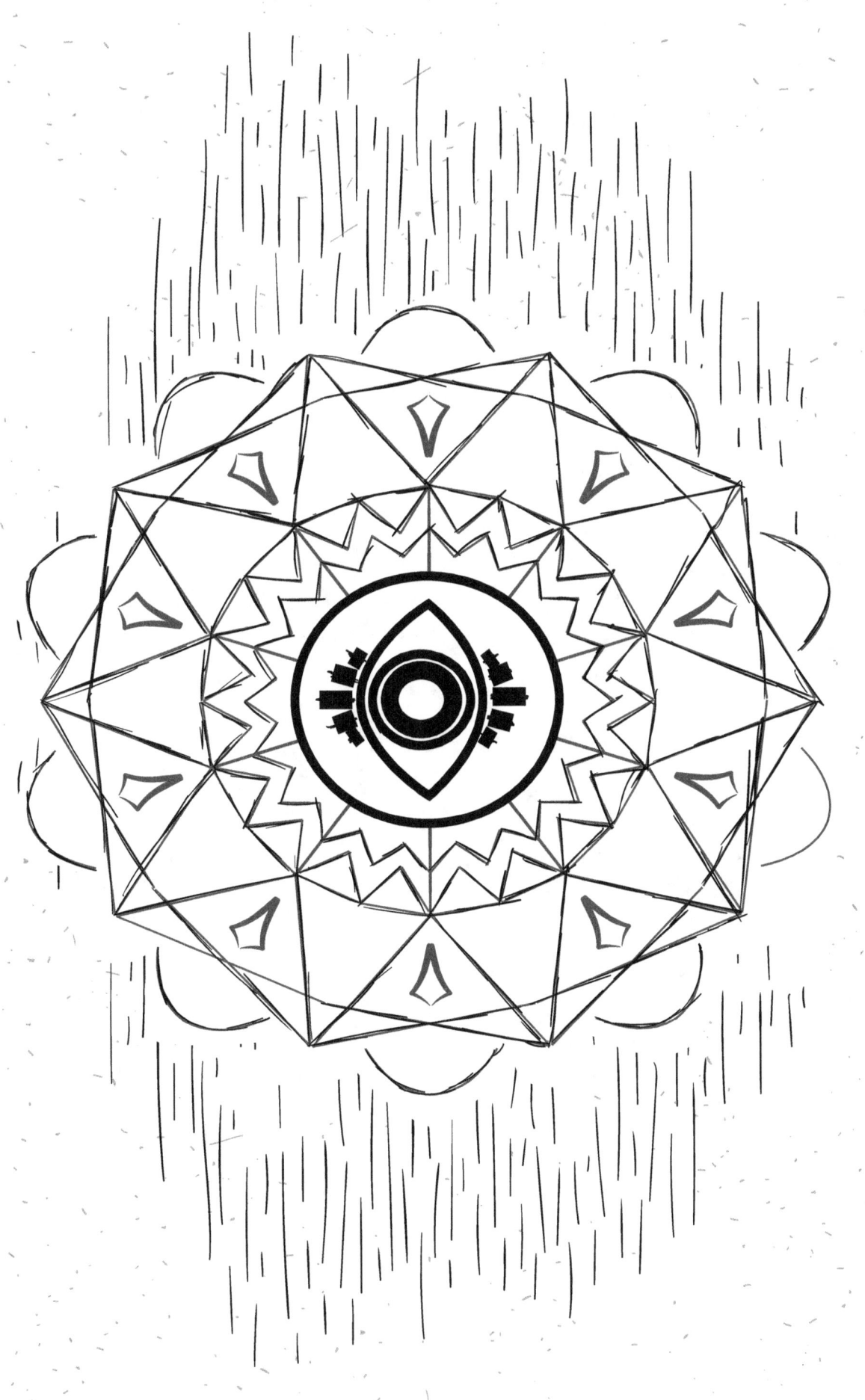

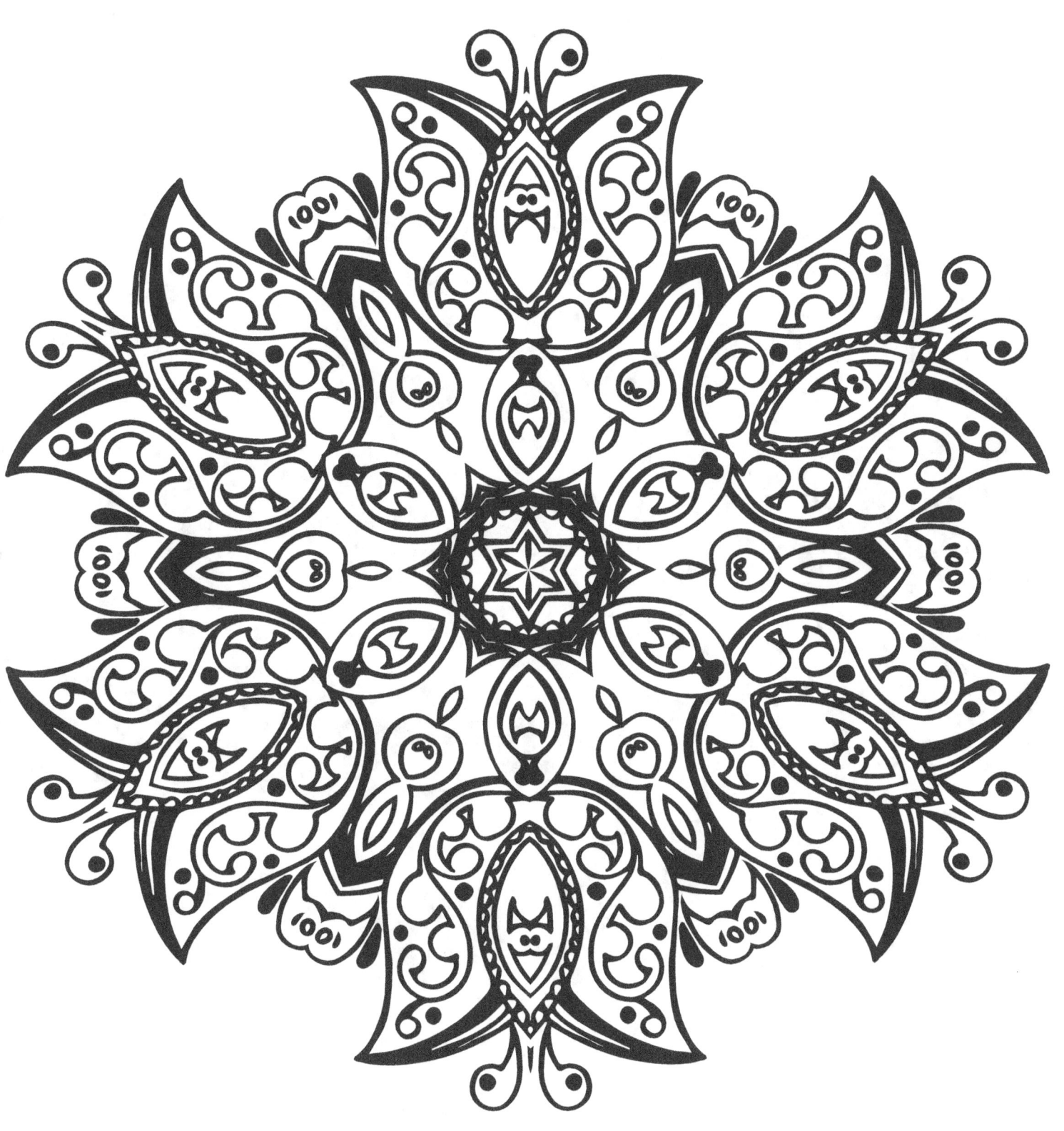

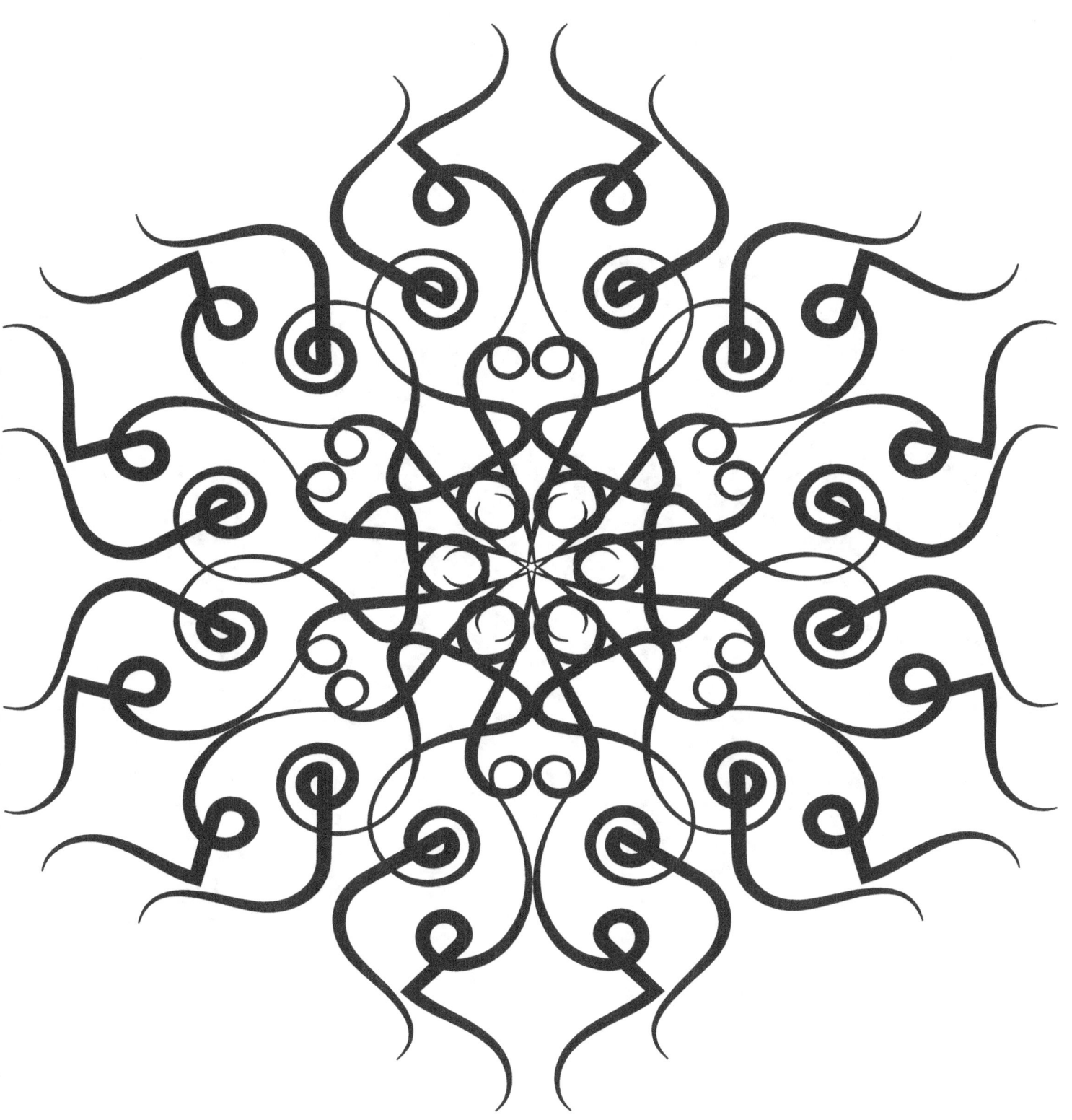

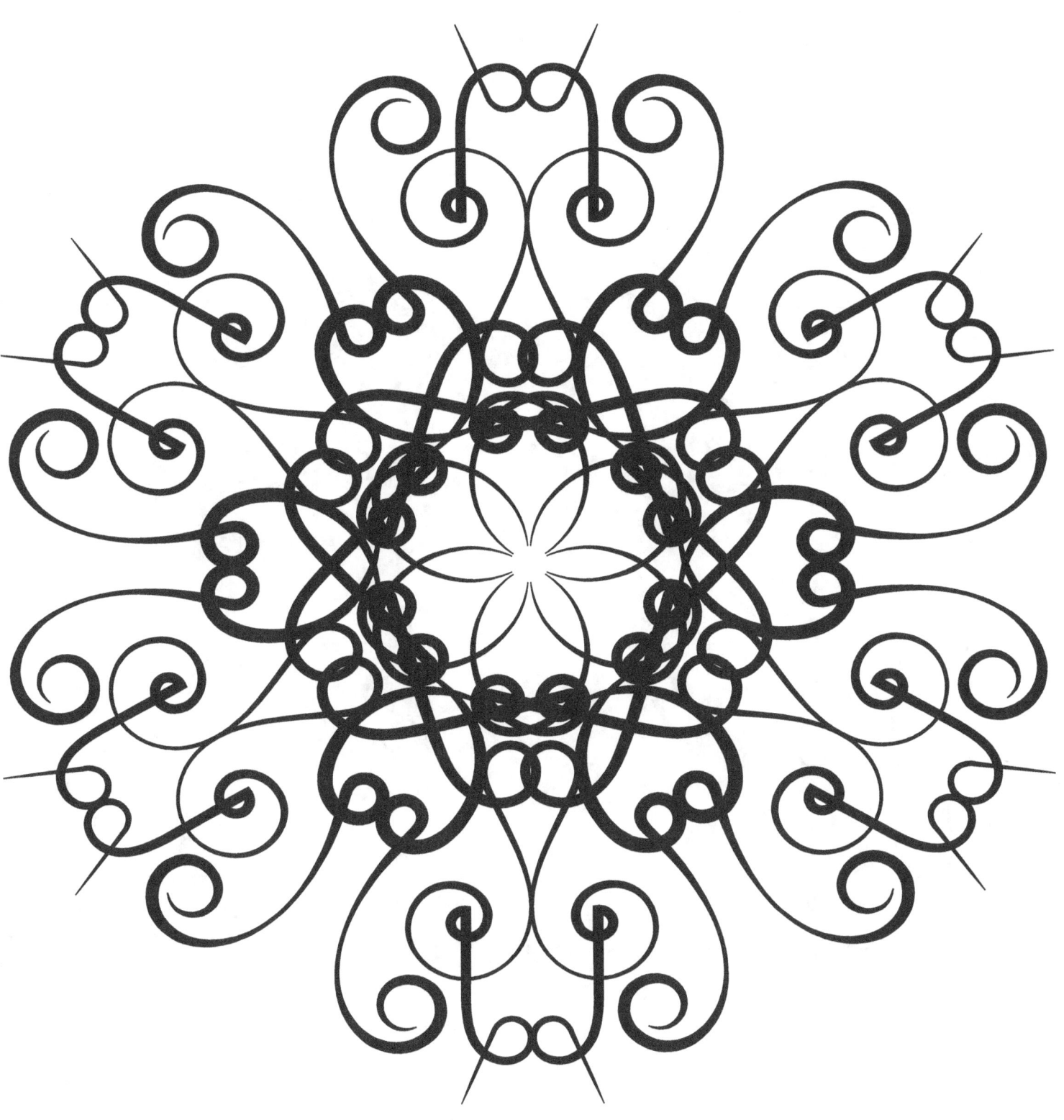

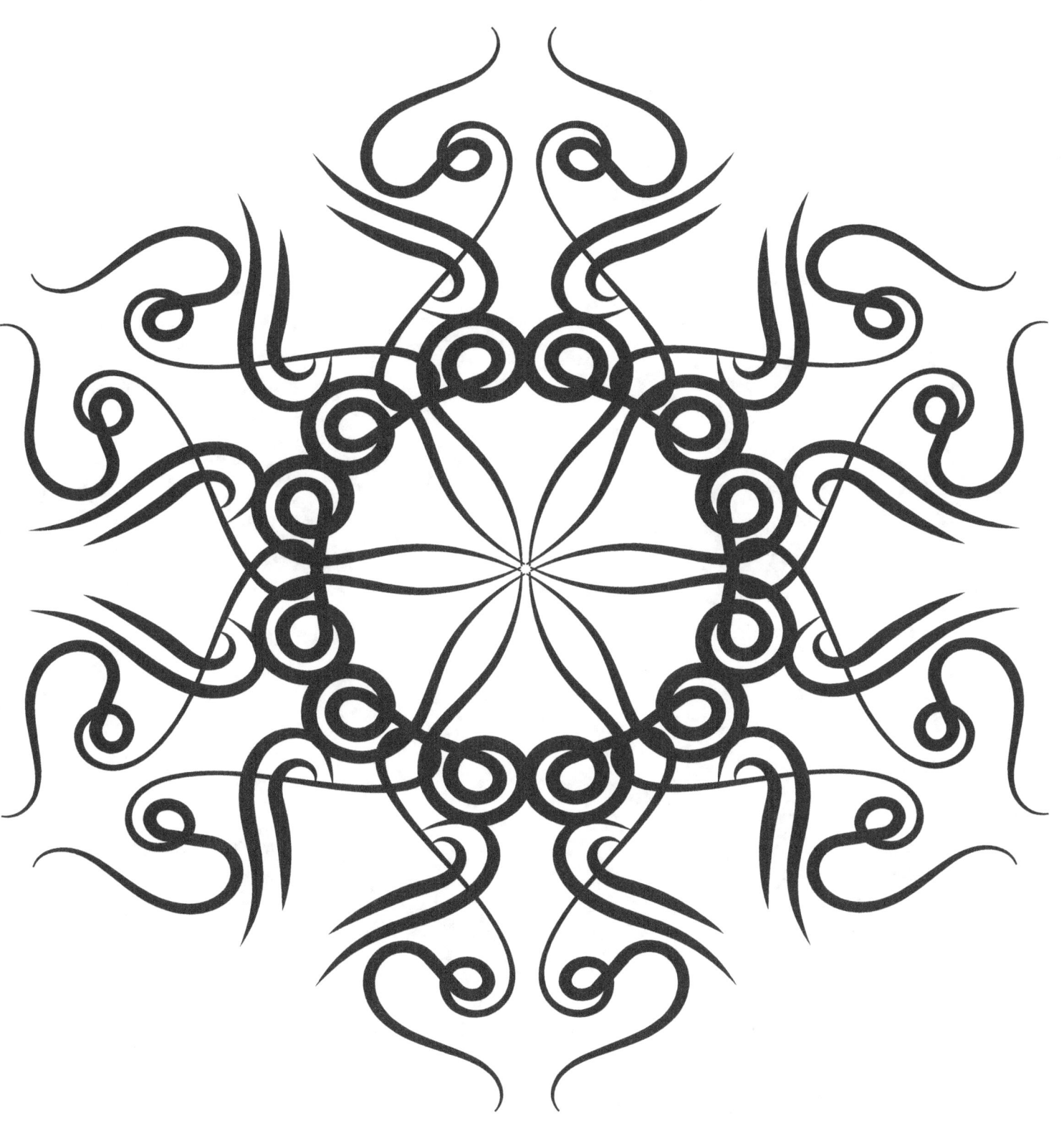

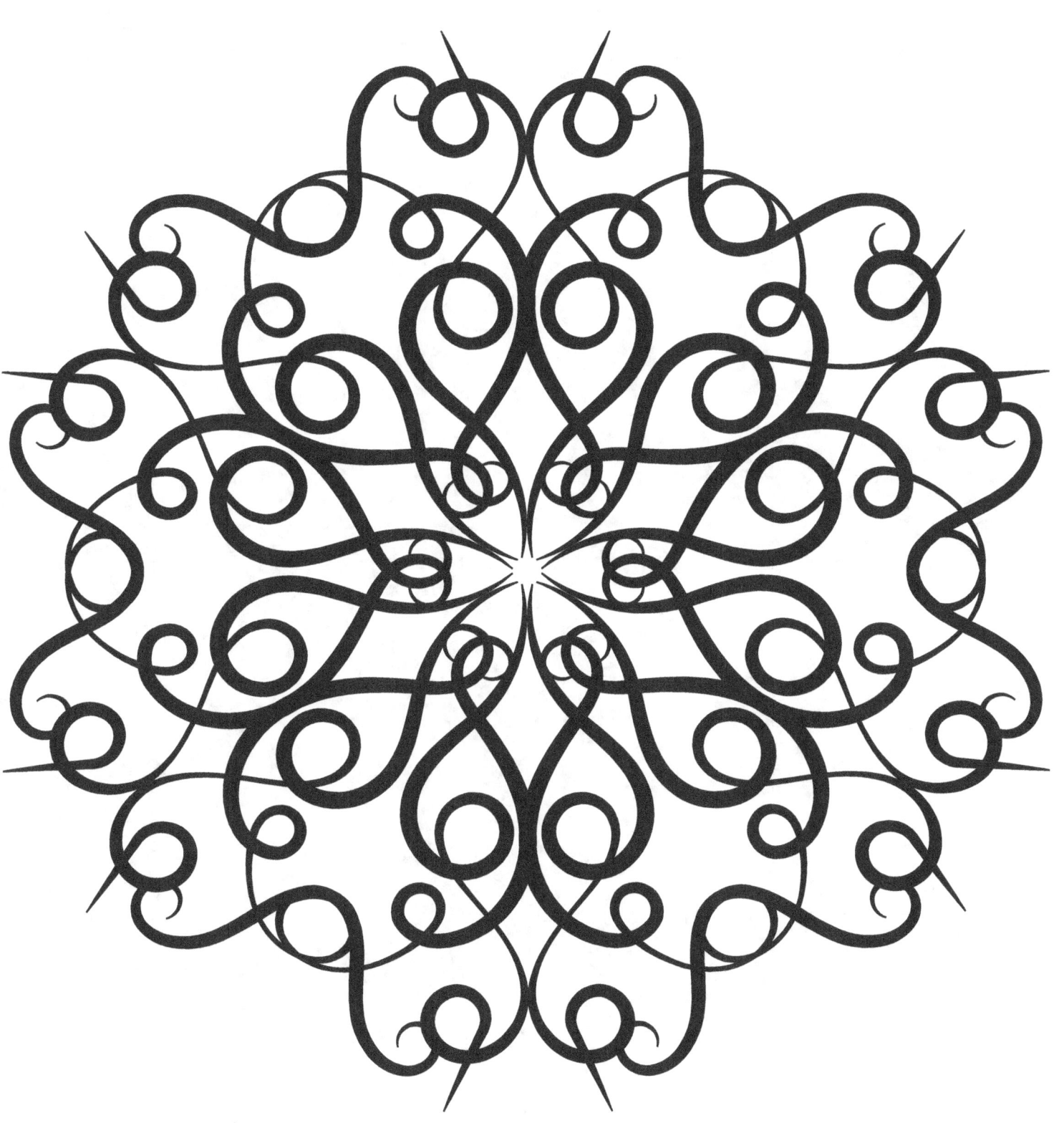

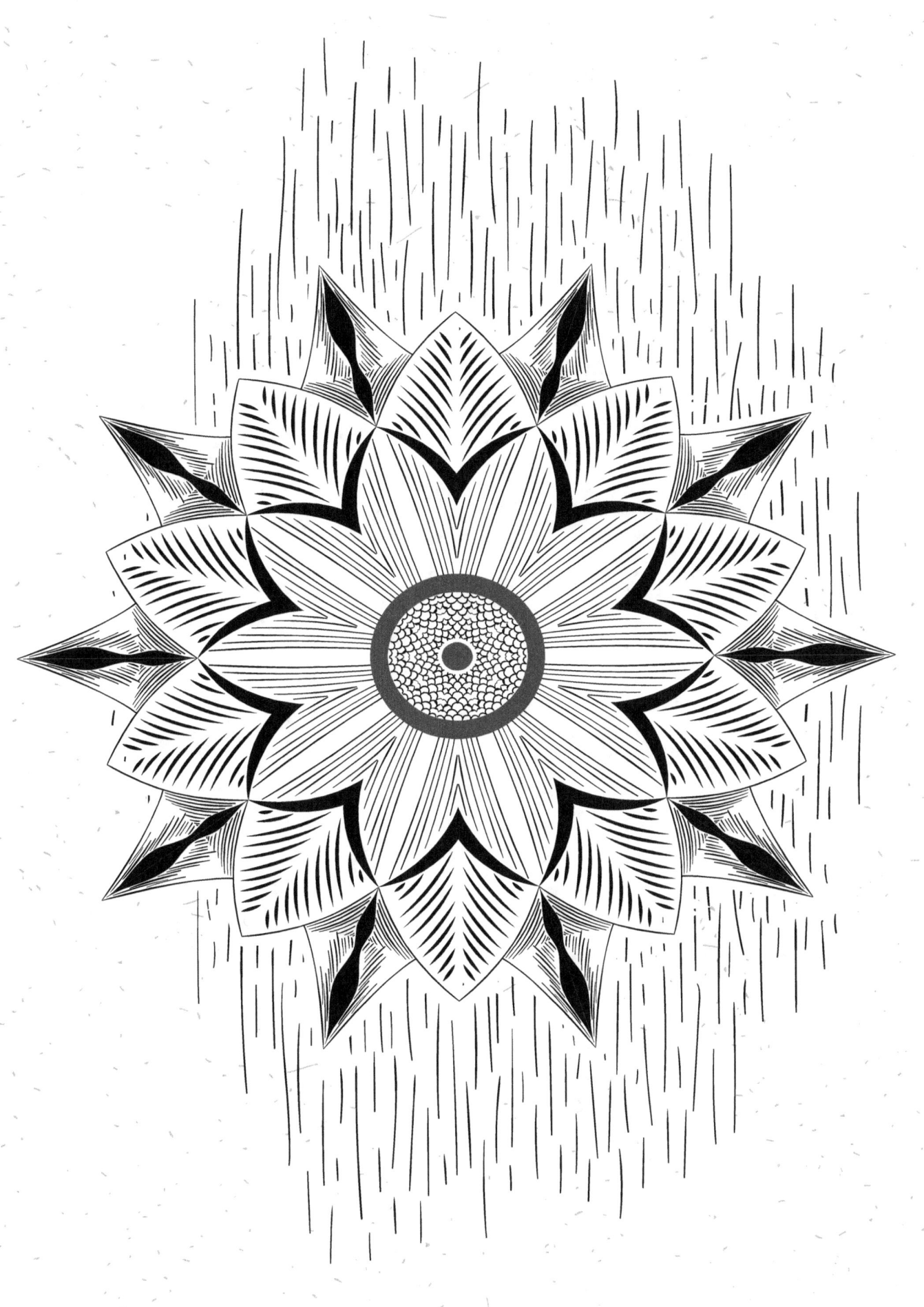

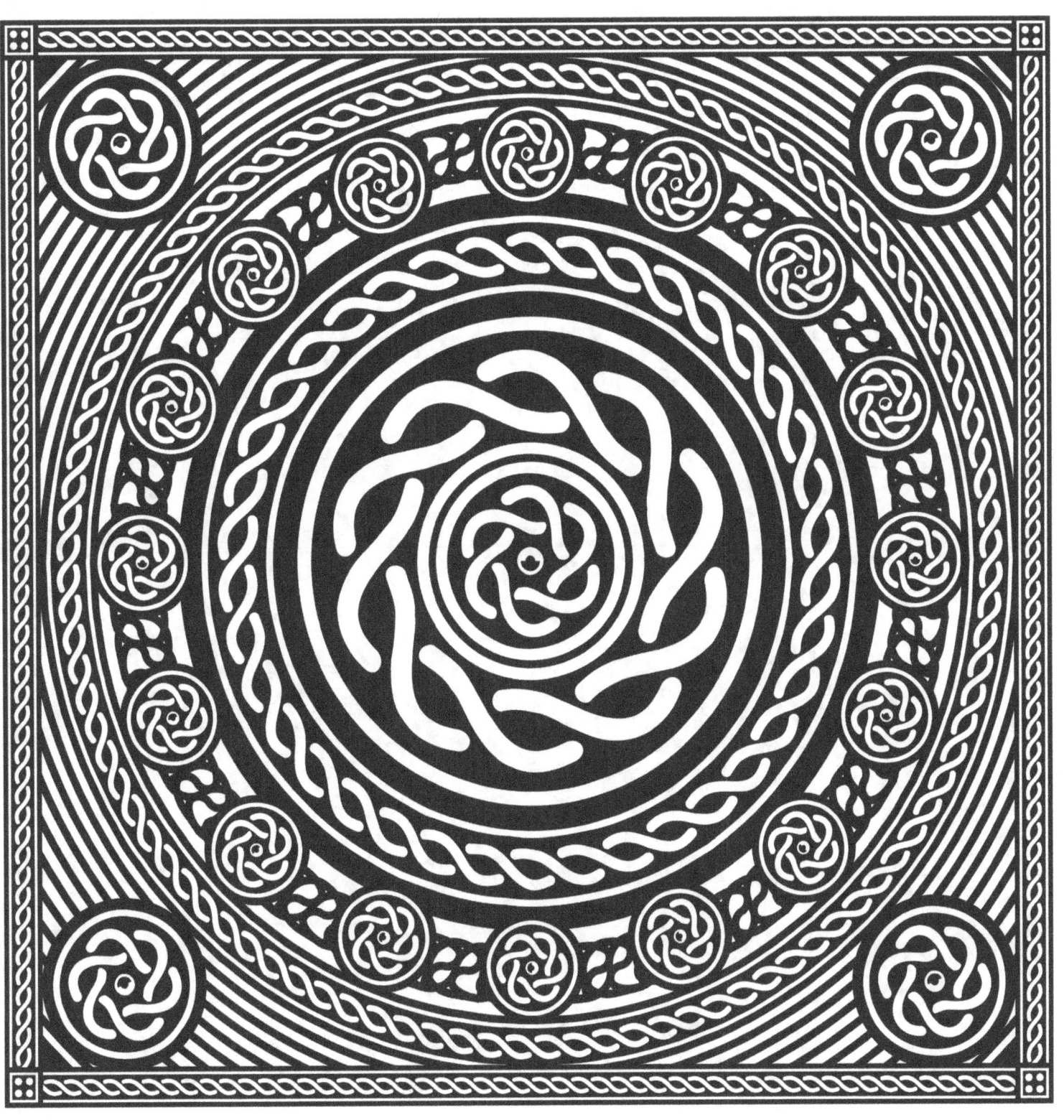

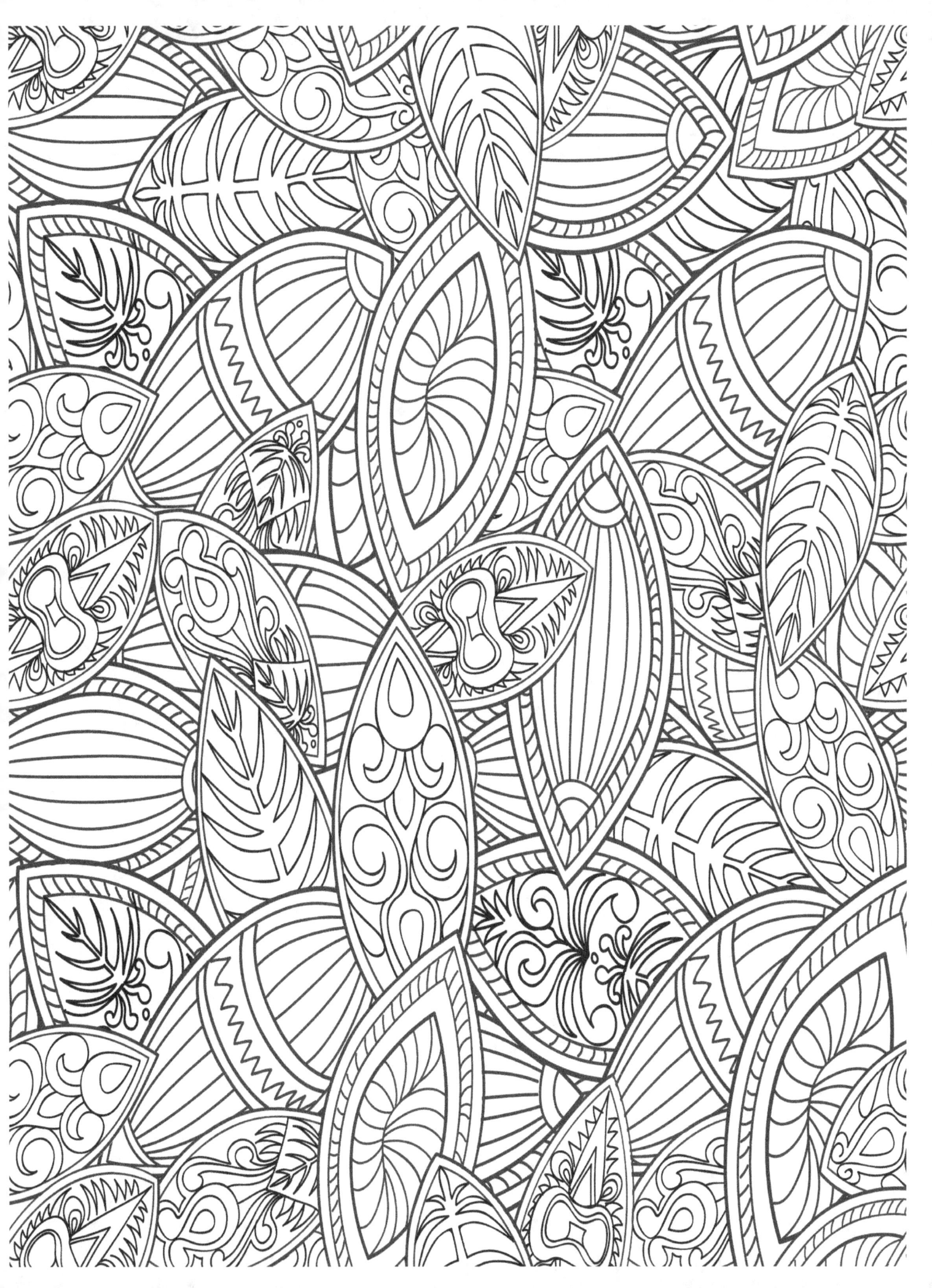

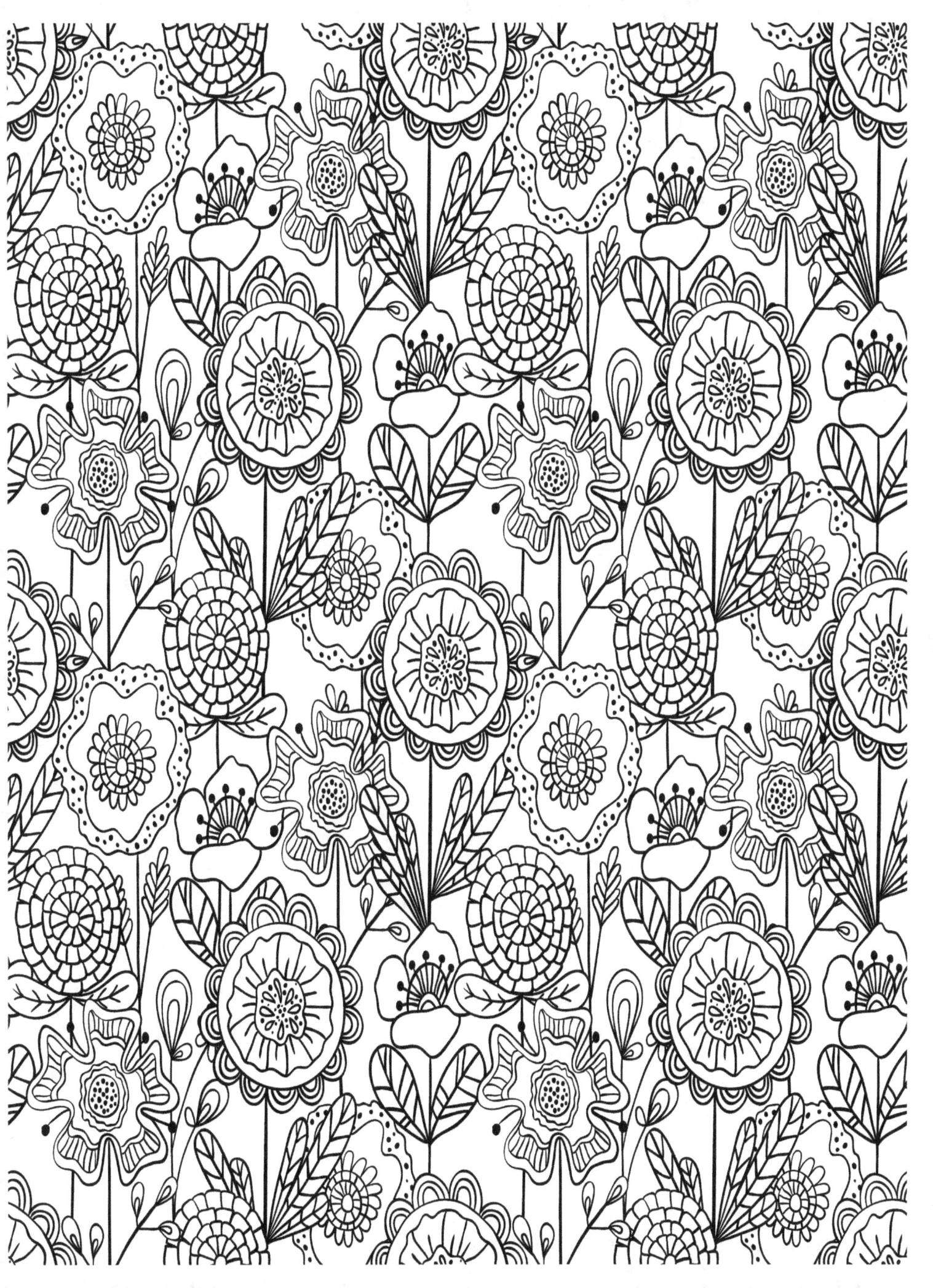

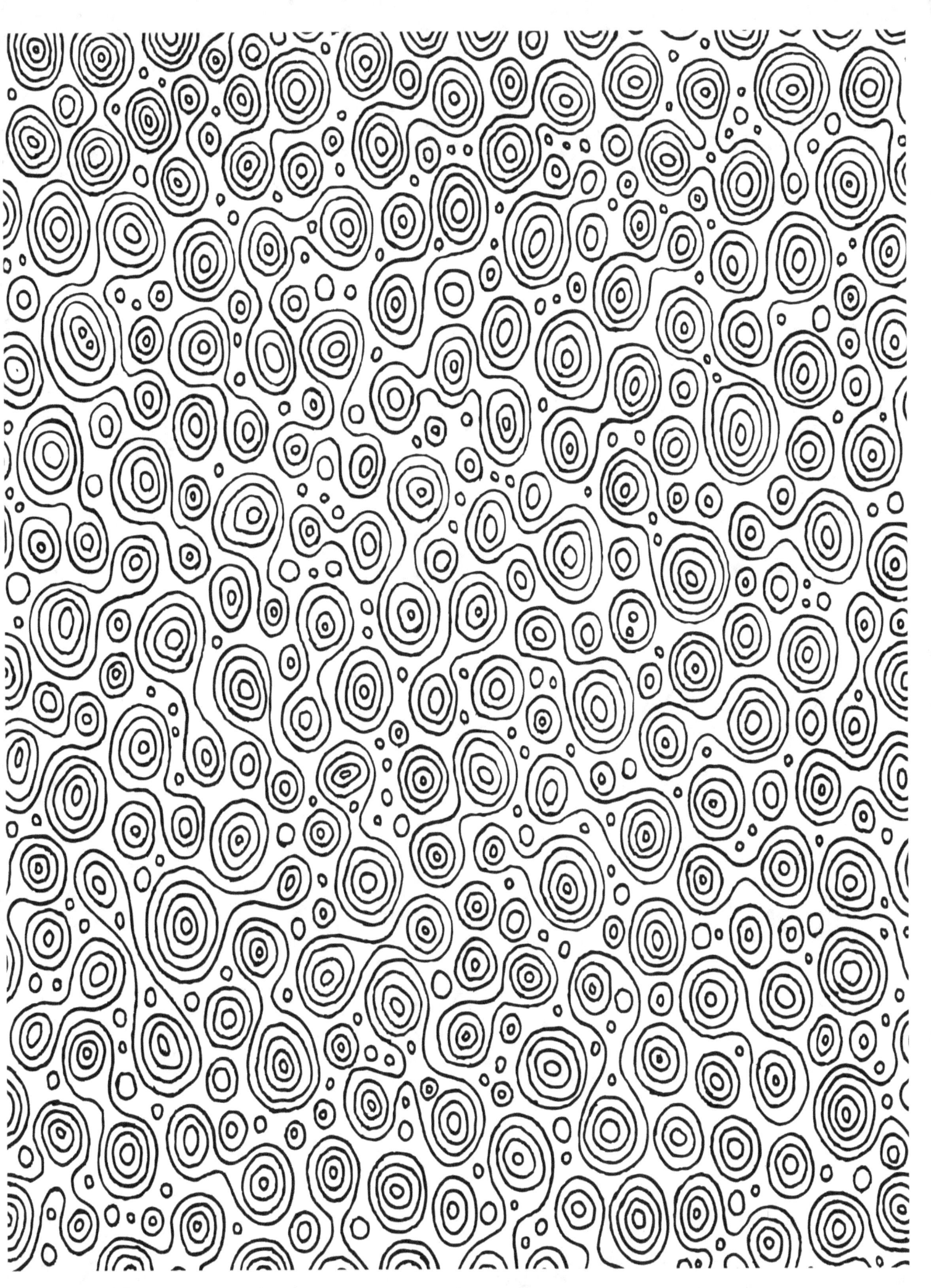

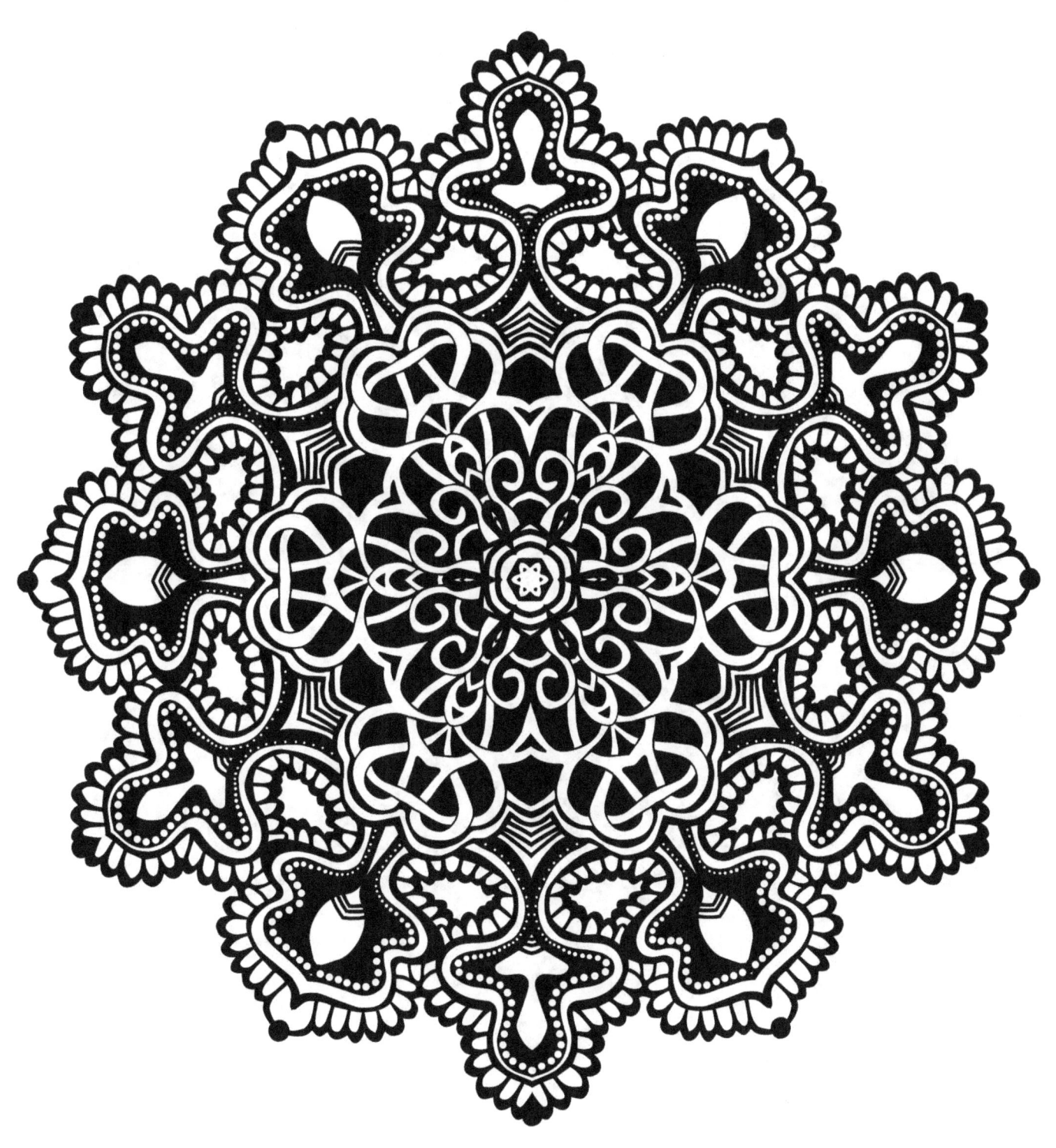

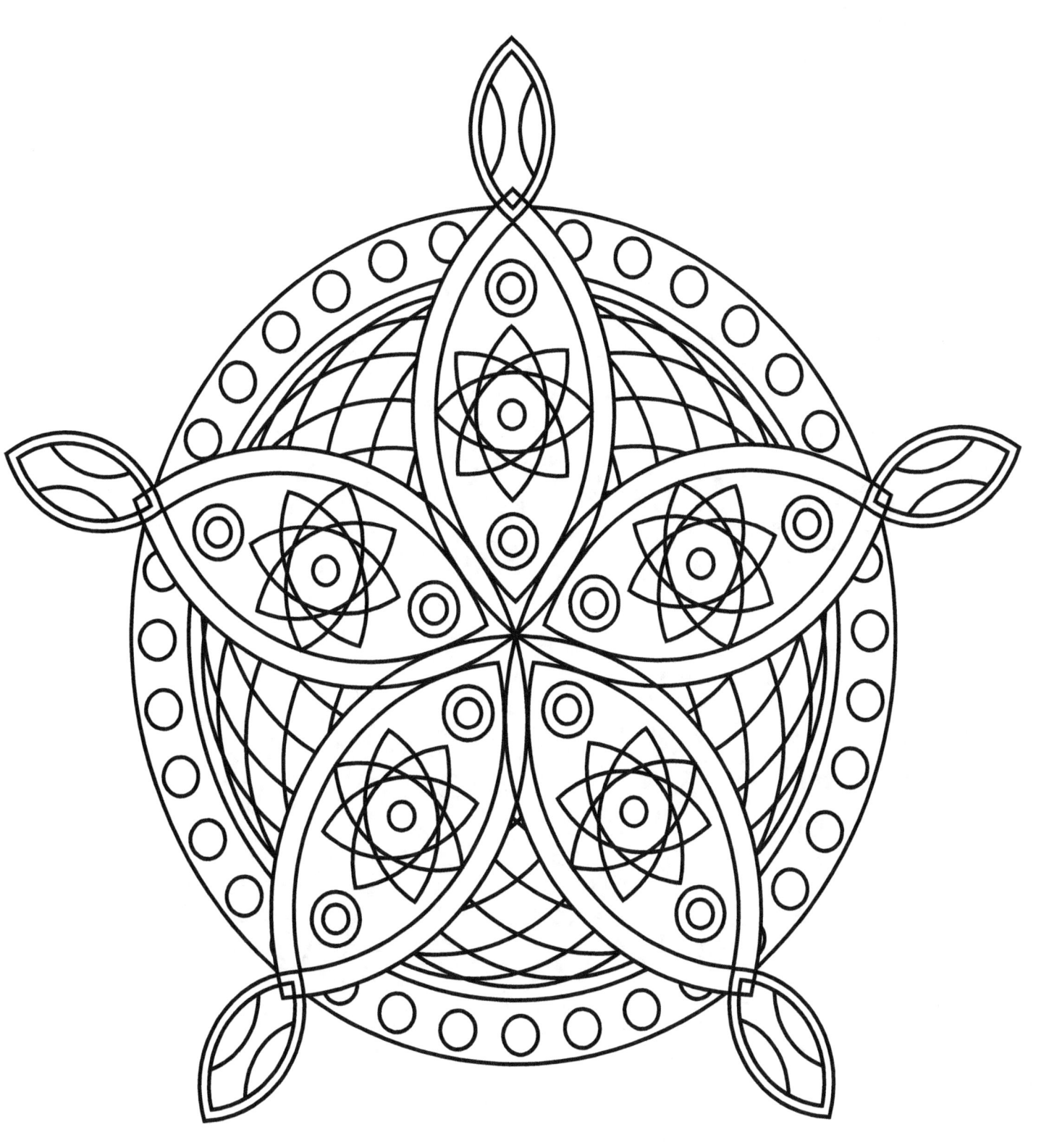

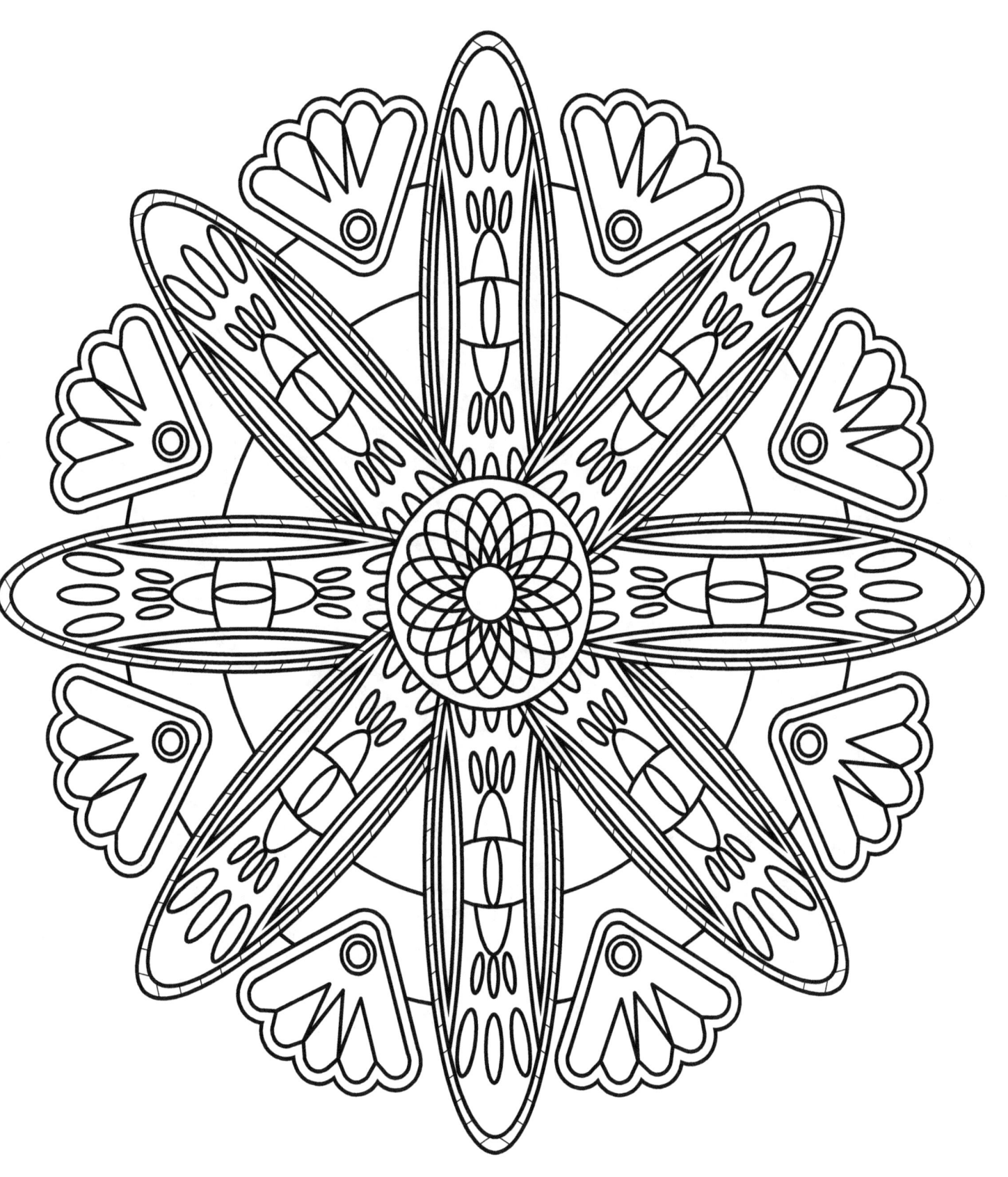

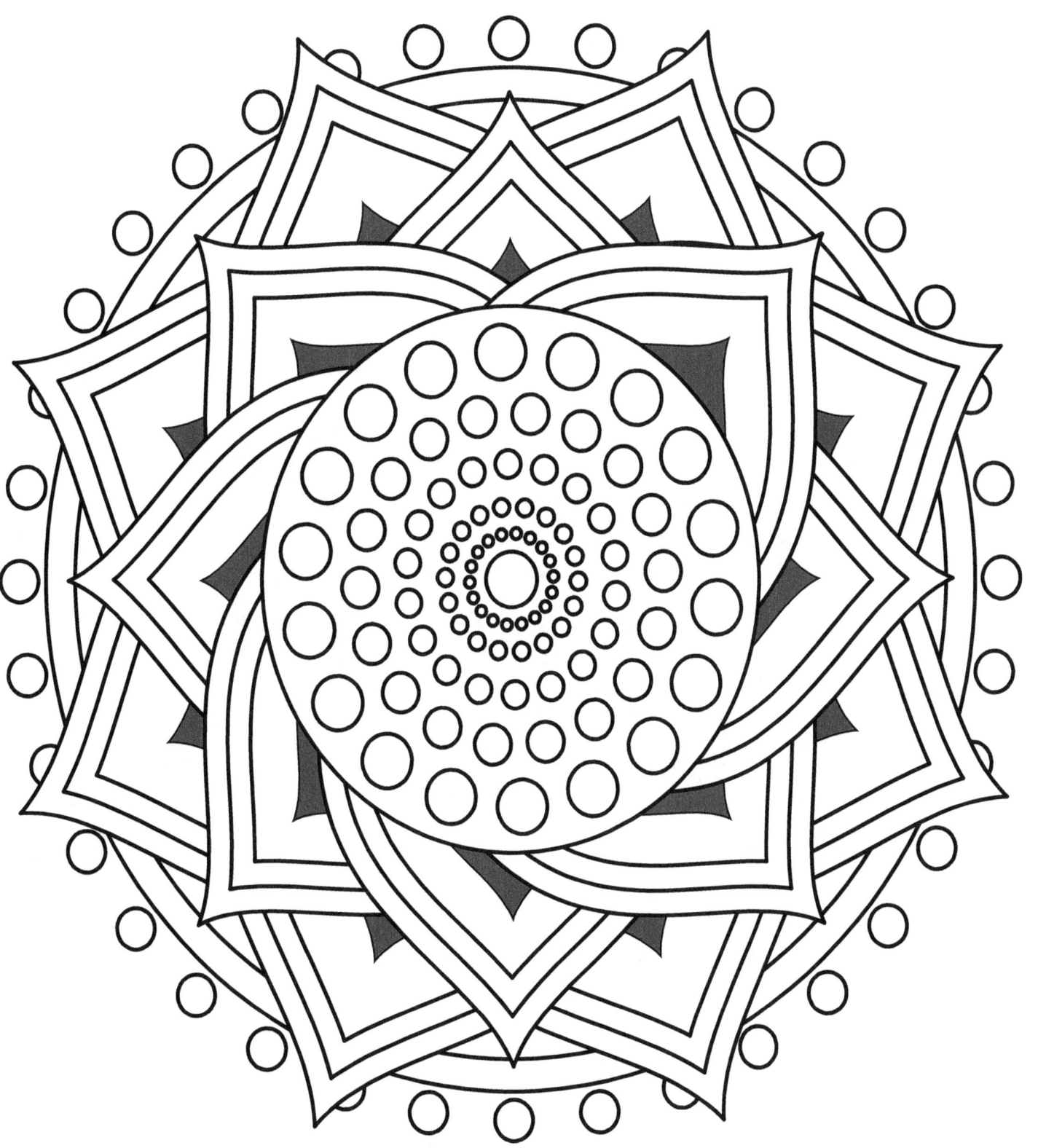

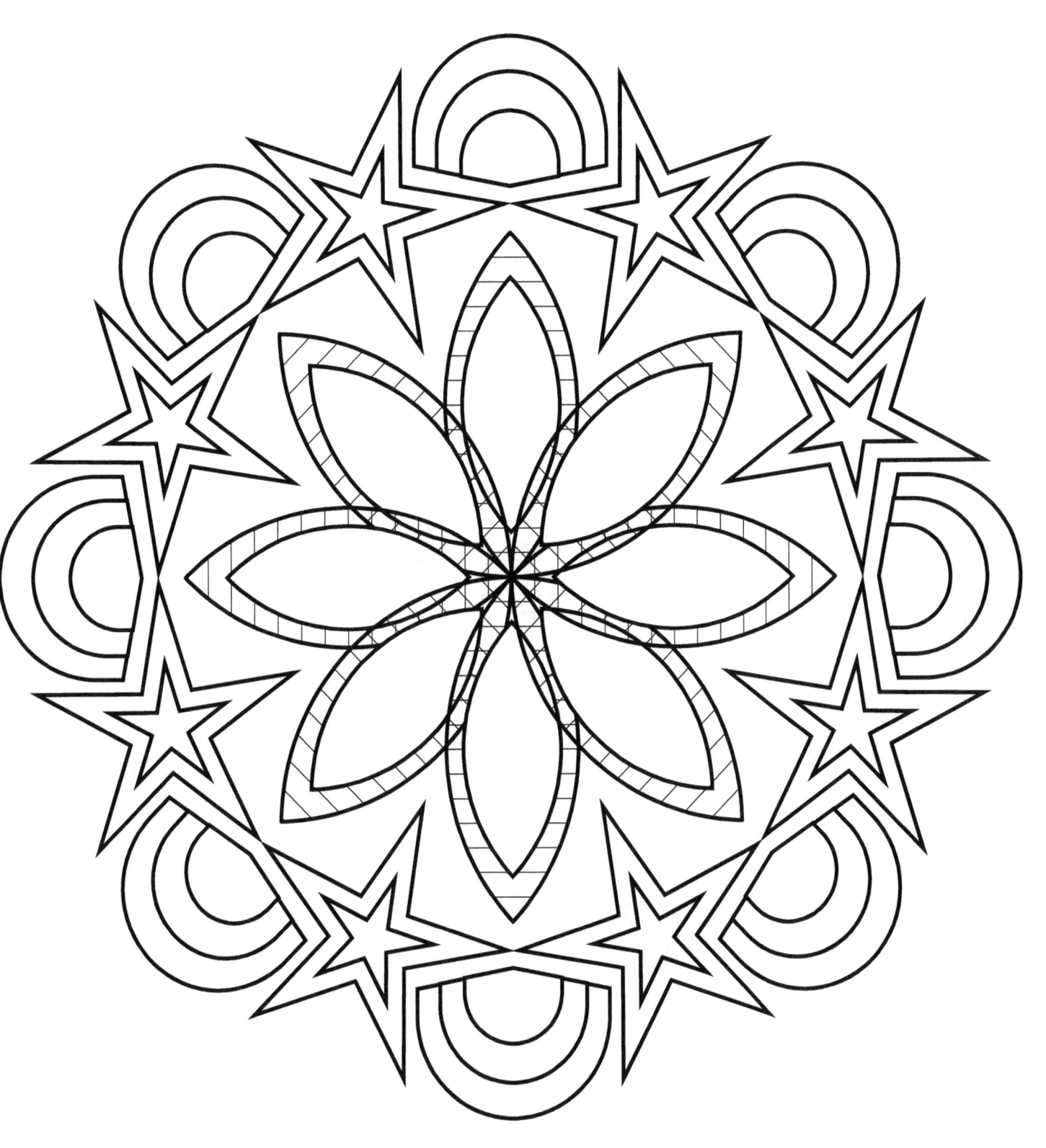

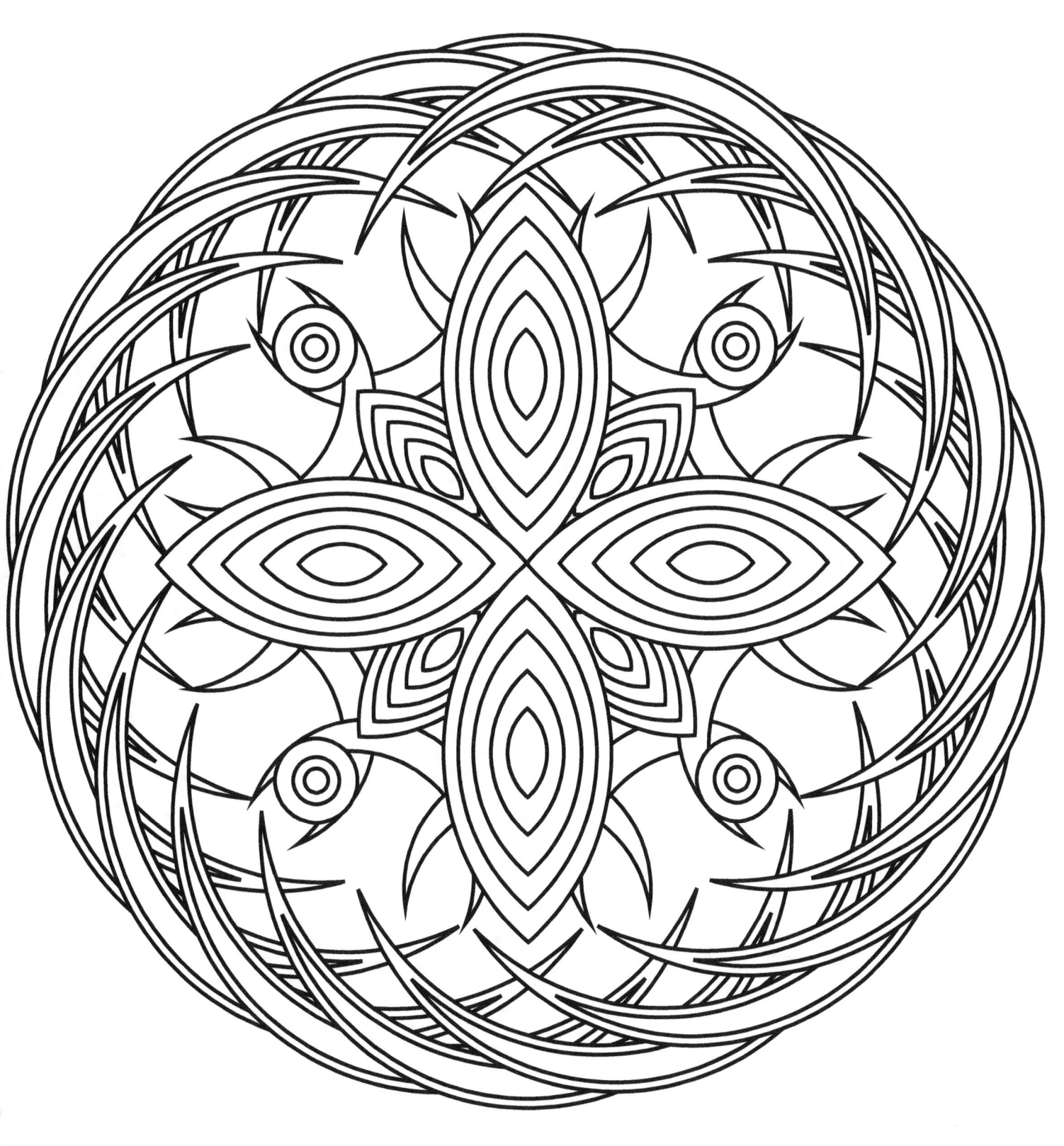

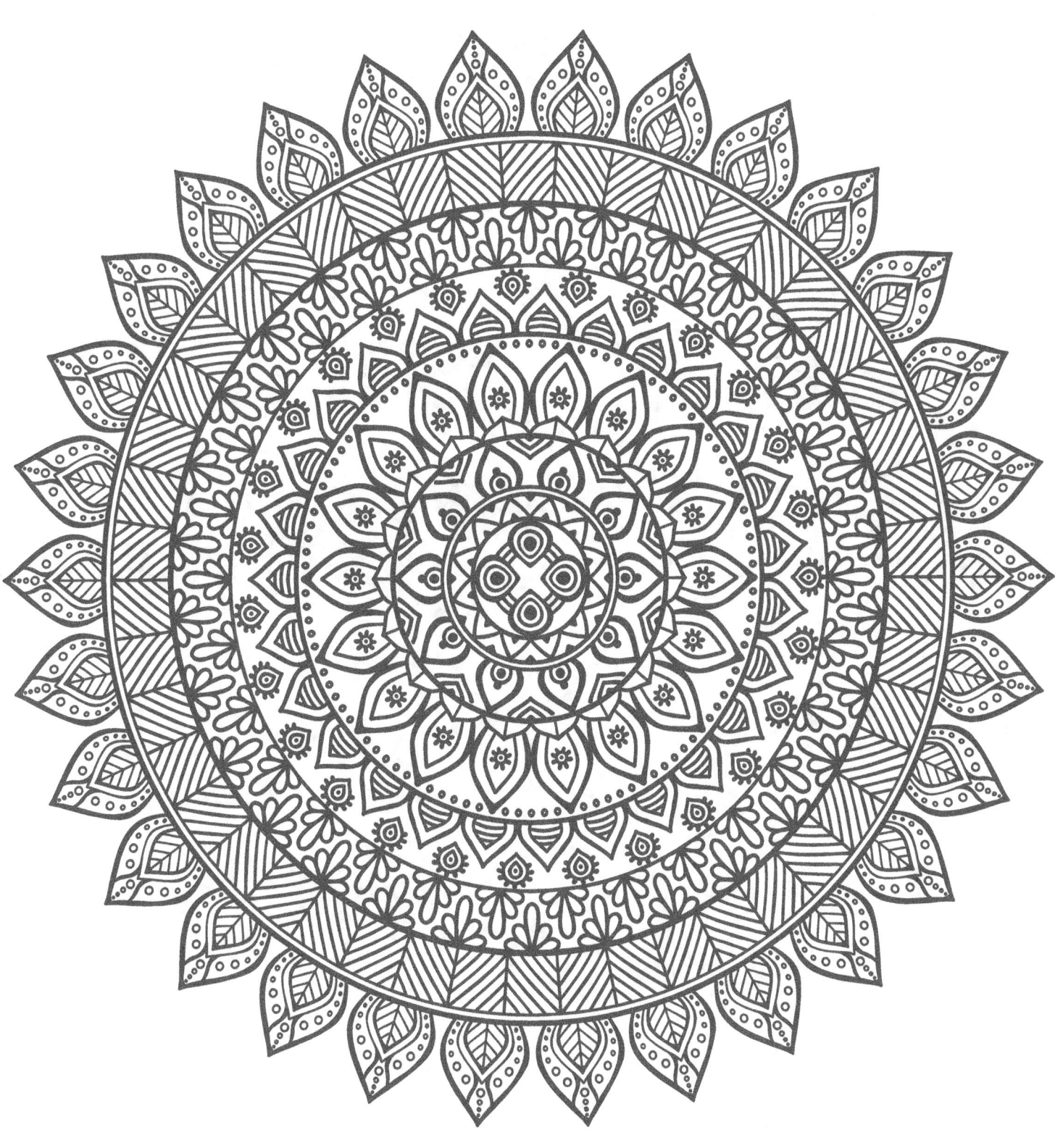

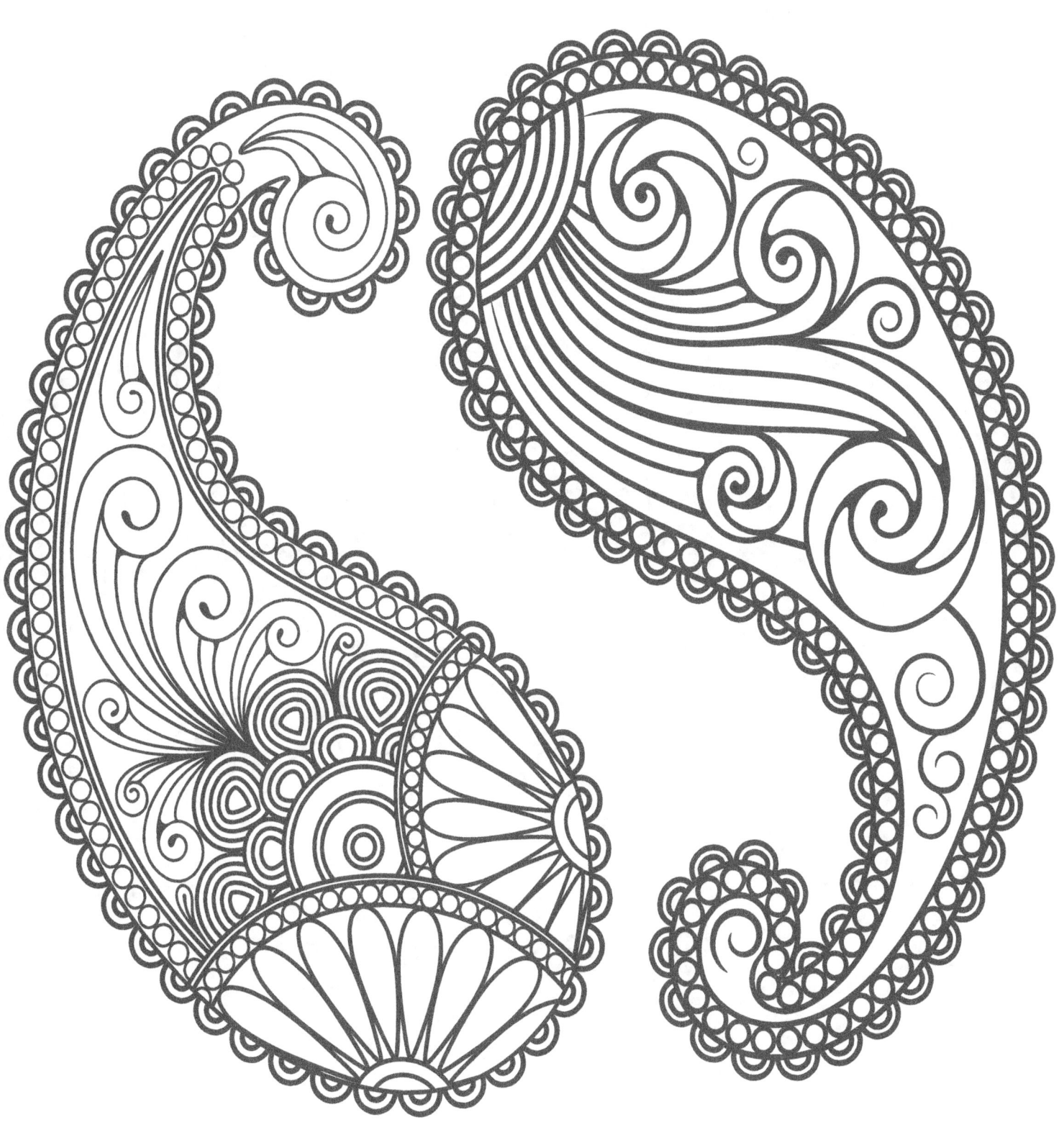

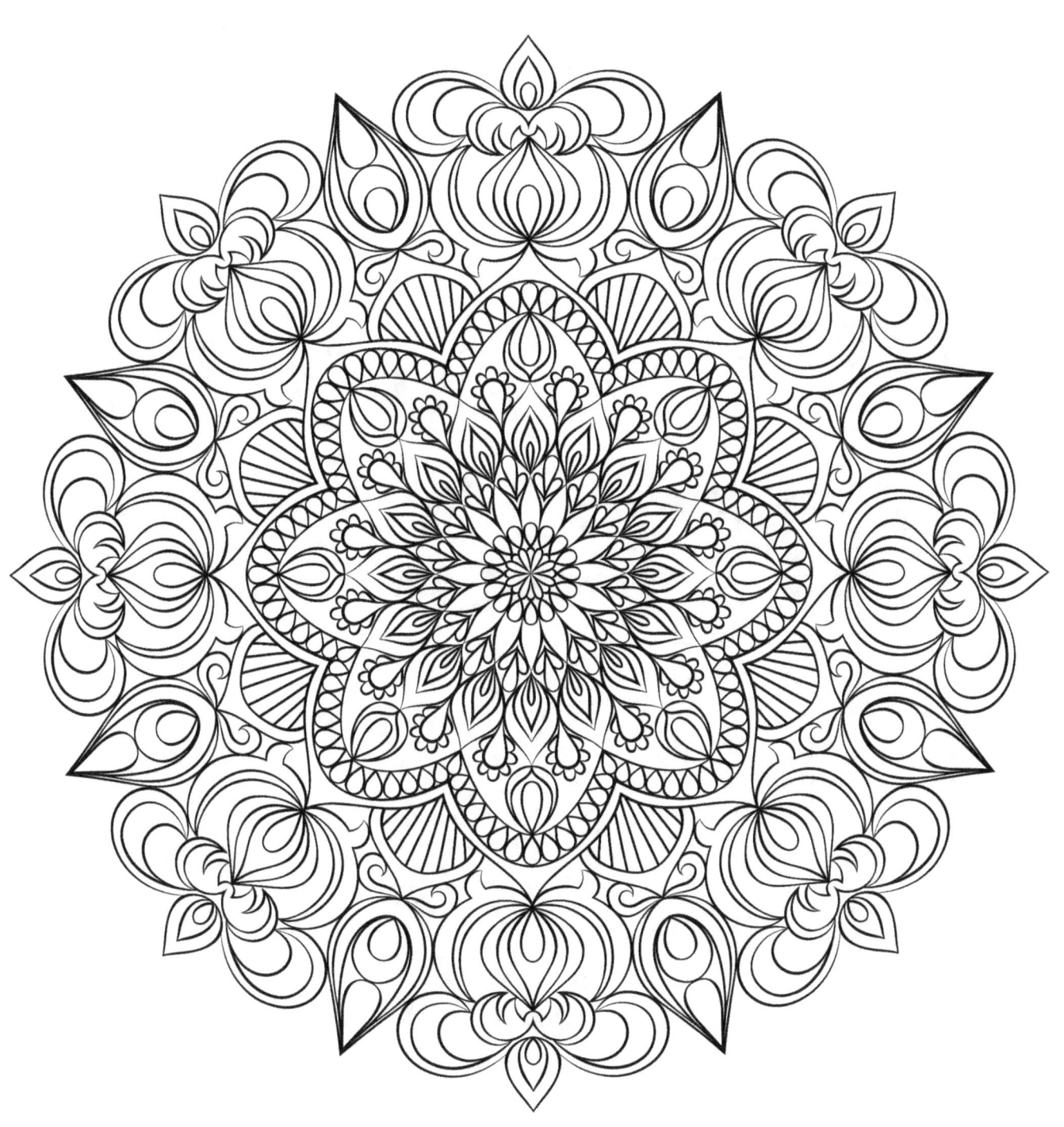

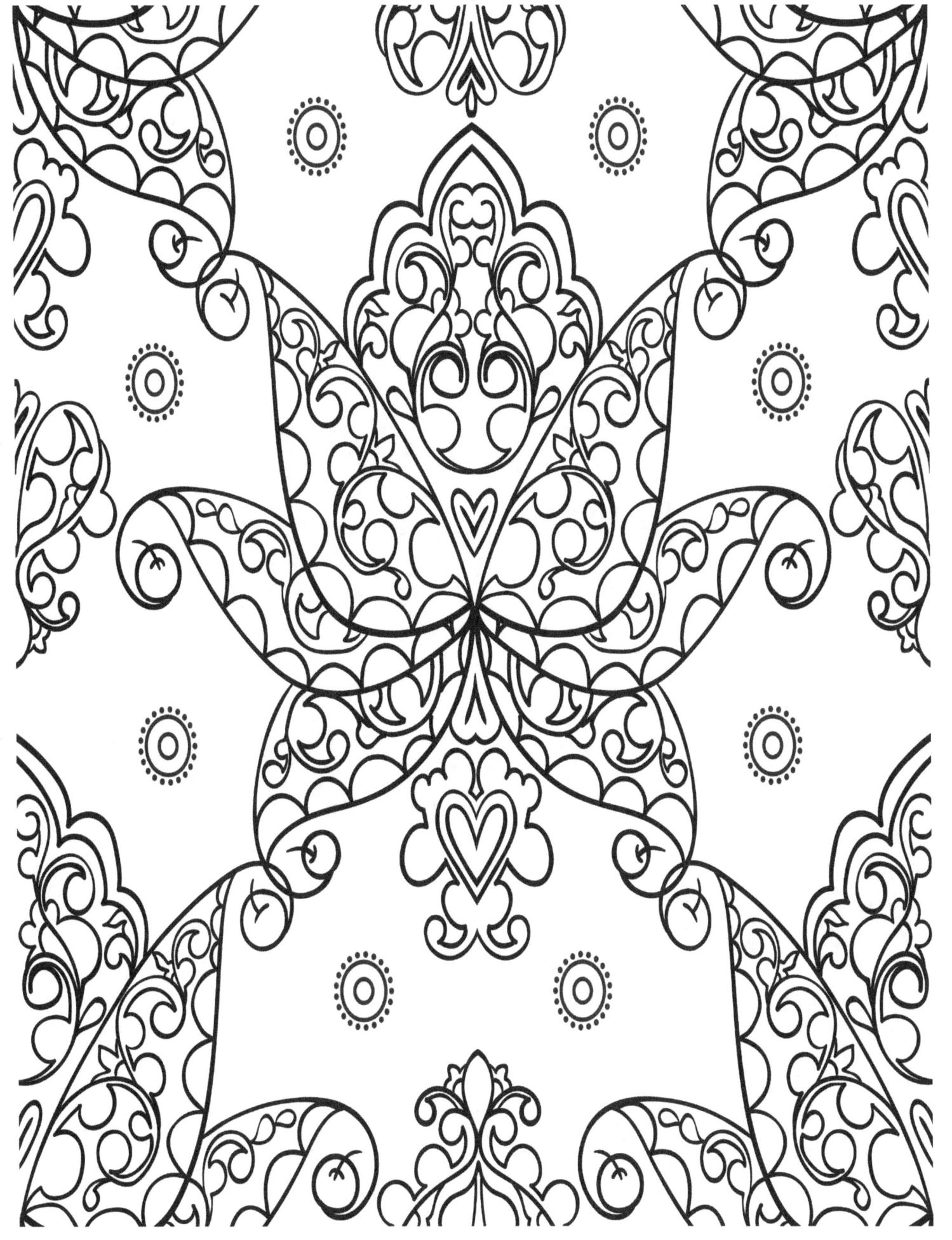

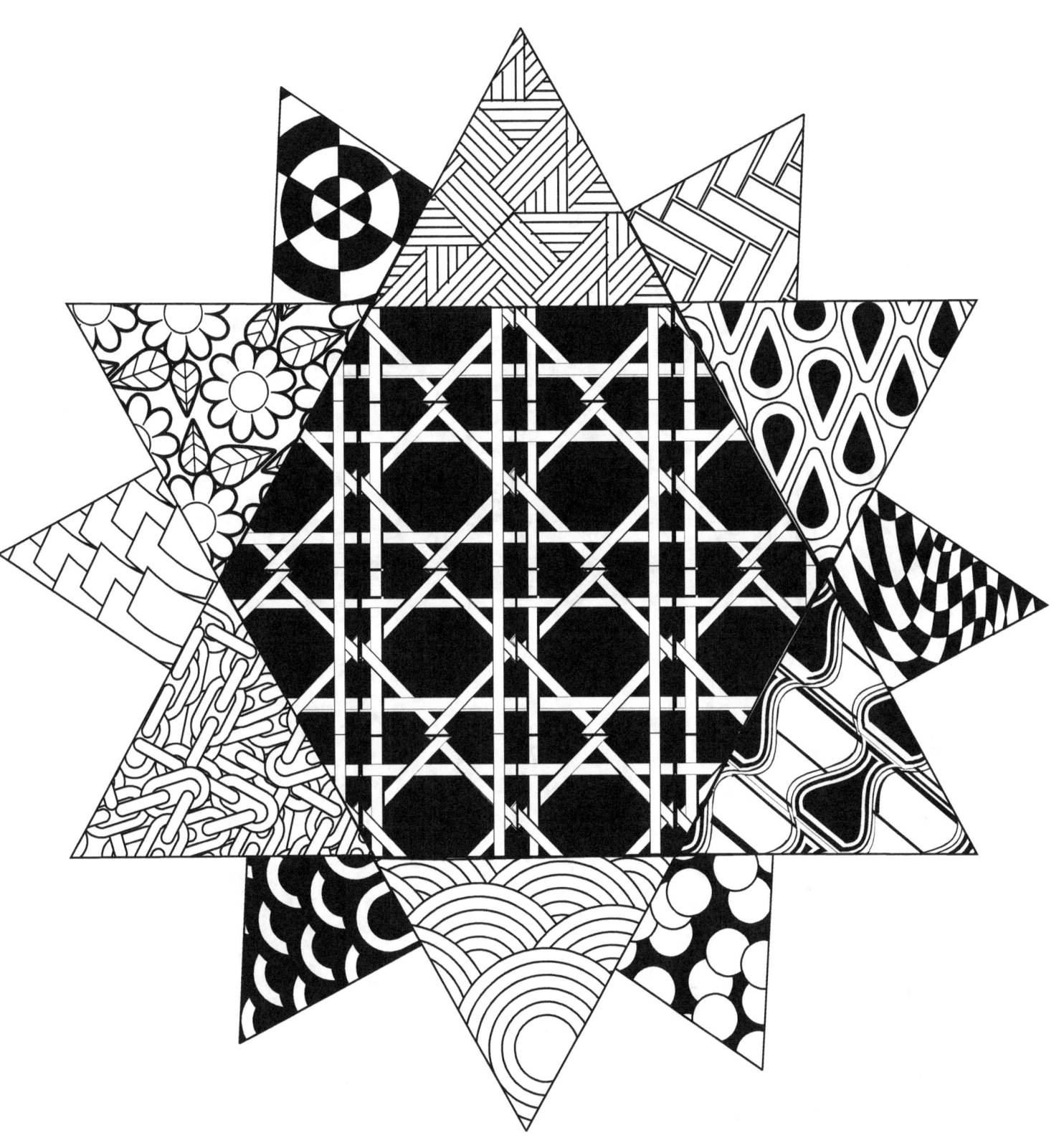

Vielen Dank!

Wir sind ein kleiner Verlag - Wenn das Buch Freude bereitet hat, sind wir sehr dankbar für jede positive Bewertung :) Sehen Sie sich gerne auch die anderen Bände in dieser Serie an!

Impressum Mind Publishing Eberhardt Konradstr. 11 50937 Cologne

www.ingramcontent.com/pod-product-compliance
Lightning Source LLC
Chambersburg PA
CBHW060422220526
45465CB00008B/2984